MENSELIJKE GEBREKEN VOOR GEVORDERDEN

Menselijke gebreken voor gevorderden

Roos Vonk

Met illustraties van Claudie de Cleen

Scriptum Psychologie

Eerste druk, mei 2011
Tweede druk, juni 2011
Derde druk, juli 2011

Dit boek is gedrukt op FSC-papier

Grafische vormgeving cover igraph bvba
Grafische basisvormgeving binnenwerk igraph bvba
Grafische vormgeving binnenwerk estherwerkt

ISBN 978 90 5594 818 5 | NUR 770 Psychologie Algemeen

www.scriptum.nl
info@scriptum.nl
Twitter.com/ScriptumNL

www.roosvonk.nl

Inhoud

Voorwoord
Een toontje lager

Dankzij psychologische experimenten begrijpen we steeds meer van mensen. In dit boek kun je lezen hoe mensen soms met z'n allen, unaniem, iets doen waar iedereen z'n twijfels over heeft; hoe de eerste indruk wordt beïnvloed door uiterlijk en stereotypen; waarom mensen allemaal denken dat ze beter zijn dan anderen en pas gelukkig zijn als ze meer verdienen; hoe ze kritische geluiden of andere meningen afdoen als niet ter zake of vooringenomen.

p. 34, 194
p. 113
p. 80, 139 p. 73
p. 189
p. 51 p. 40

Allemaal menselijke zwaktes die we machtig interessant vinden als we erover lezen, en irritant als we ermee te maken hebben. Wie weet kun je uit dit boek tips halen over hoe je dan reageert. Maar kun je het ook op jezelf toepassen? Het gebeurt toch zelden dat je denkt:

- 'Aha, ik doe het weer: ik heb iemand een voordeeltje gegeven alleen omdat ie mij naar de mond praatte.'
- 'Oeps, daar is ie weer: mijn vooroordeel tegen bejaarden/ boekhouders/ blondjes.'
- 'Ha, dit heb ik weer fijn naar mezelf toe geredeneerd zodat ik toch lekker gelijk heb.'

Het lijkt alsof al die onhebbelijke neigingen alleen bij ánderen bestaan. Dat we ze niet bij onszelf herkennen, komt vooral doordat ze grotendeels onbewust verlopen. Meewaaien met de verkeerde wind doe je niet doelbewust. Het waarderen van mensen die je naar de mond praten ook niet. Naar jezelf toe redeneren natuurlijk al helemáál niet. Niemand denkt ooit: 'Laat ik nu eens fijn de feiten verdraaien en de conclusie trekken die voor mij het handigst uitpakt.' Als je dat zou beseffen zou het natuurlijk niet werken.

p. 28, 97

Als je bij jezelf te rade gaat, zul je dus in je eigen binnenste geen sporen aantreffen van zulke dwalingen. Je zult het ook niet opeens gaan zien als je extra goed kijkt. Dat is inherent aan onbewuste processen. De architectuur van het brein maakt dit principieel p. 60 onmogelijk. Nee, het helpt ook niet je te laten coachen door iemand die denkt dat ie met jouw onbewuste kan praten.

Wil je jezelf echt begrijpen, dan zul je domweg moeten aan- p. 116 nemen dat je net zo bent als andere mensen. En dat algemene psychologische principes dus ook op jou van toepassing zijn. Daar is dit boek voor. Er zijn mensen die tot zelfkennis denken p. 103 p. 46 te komen middels navelstaren, hun gevoel volgen en de p. 41, 92 aandacht op hun eigen binnenste richten. Maar je moet juist p. 197 niet naar binnen kijken. Vergeet jezelf en kijk naar buiten. Dan leer je meteen ook nog iets over de rest van wereld.

Wil je weten hoe je gaat reageren in een situatie – bijvoorbeeld bij een rare vraag tijdens een speeddate of sollicitatie, of als jij in jouw groep een afwijkende mening hebt, of als je overvallen wordt? Je zou denken dat je dat kunt voorspellen door je de situatie voor de geest te halen en je erin te verplaatsen, maar niets is minder waar. Uit een onderzoek* bleek dat mensen hun eigen reacties het best voorspellen wanneer ze weten hoe iemand anders in die situatie reageerde, en aannemen dat zij dat ook zouden doen. Je leert dus meer over jezelf door naar anderen te kijken.

Intuïtief roept dat idee weerstand op. Ik ben bijzonder. Ik ben niet zomaar iemand. Maar juist op dat punt is wat zelfrelativering geboden. Anders worden we een samenleving vol van prinsjes en prinsesjes, die overal recht op hebben, zich niet aan ge- en verboden hoeven houden (die zijn voor anderen), en mogen zeggen en doen wat ze willen. Dat lijkt een paradijsje, maar de makke is dat p. 146 p. 128 het ons juist onvrij maakt en onze wereld heel klein.

---

* Gilbert, D.T., Killingsworth, M.A., Eyre, R.N. & Wilson, T.D. (2009). The surprising power of neighborly advice. *Science, 23*, 1617–1619.

We moeten met z'n allen een toontje lager gaan zingen, vind ik. Dat is ook mooier – dieper, voller – dan al dat prinselijk gesnater.

Het opgeven van illusies over jezelf kan pijnlijk zijn, maar het biedt ook een spectaculaire verruiming van je blik. Daardoor kun je je met veel meer inzicht en gemak bewegen in het sociale verkeer. Dát is het 'gevorderden'-niveau waar de titel van dit boek naar verwijst. Net als in het 'beginners-boek', *Ego's en andere ongemakken*, staan ook hier in de kantlijn verwijzingen (*links*) naar andere columns: blauw zijn verwijzingen naar het Ego-boek, groen zijn verwijzingen binnen dit boek. Hiermee kun je het boek in elke volgorde lezen, bladerend van de ene naar de andere link.

Ik dank mijn eindredacteuren Jacomijn de Raad (*Psychologie Magazine*) en Nico Dikstaal (*Intermediair*), en ook Sanne Nauts voor het meelezen en -denken. Ik dank Claudie de Cleen voor de luchthartige illustraties, waarmee ze altijd weer een kwinkslag meegeeft aan mijn observaties, zelfs als die tot treurnis stemmen. Ik hoop dat dit alles ieder zal prikkelen om de voetjes op de grond te houden en toch boven zichzelf uit te stijgen.

Roos Vonk
Mei 2011

Ik wist het wel 1

Tegenpolen trekken elkaar aan. Waar of niet waar? Iemand die niet op je lijkt is spannender, minder voorspelbaar. Je kunt elkaar goed aanvullen. Het gaat minder snel vervelen. Het lijkt logisch… Aan de andere kant zou het ook heel logisch kunnen zijn dat je goed overweg kunt met iemand die op je lijkt. Je hebt dezelfde waarden, dezelfde interesses, je begrijpt elkaar beter.

De conclusie van vele onderzoeken is: *'Birds of a feather flock together.'* Mensen die op elkaar lijken voelen zich tot elkaar aangetrokken, krijgen eerder een relatie waar ze ook tevredener over zijn, bouwen makkelijker vriendschappen op en nemen elkaar vaker aan voor banen. p. 67

Voor vrijwel alle menselijk gedrag geldt dat heel tegengestelde onderzoeksresultaten begrijpelijk kunnen zijn. Iemand die zenuwachtig beweegt is waarschijnlijk niet eerlijk, denken we, maar als p. 76 blijkt dat leugenaars hun spanning juist in toom houden en daardoor mínder bewegen is dat ook heel logisch. Als je kwaad bent kun je dat afreageren op een boksbal, is de gedachte, maar als blijkt dat je daardoor jezelf opfokt en nog kwader wordt, hadden we dat zelf eigenlijk ook wel kunnen bedenken.

Omdat onderzoeksresultaten vaak zo logisch en verklaarbaar lijken, kun je de indruk krijgen dat je het allang wist. Dat gebeurde p. 31 onlangs bij een lezer van mijn verhaal over het 'ankereffect'. Hij schreef in een ingezonden brief dat het een algemeen bekende trivialiteit is dat mensen bij het maken van schattingen houvast zoeken bij irrelevante getallen. Wie weet had hij zelf ook al bedacht dat rechters zich bij het toekennen van een straf laten beïnvloeden door de worp van een dobbelsteen. Persoonlijk vind ik dat geen trivialiteit. Maar de reactie begrijp ik wel, en ik neem aan dat die onder mijn lezers vaker voorkomt. Ik denk zelf ook geregeld: 'Daar heb je weer zo'n zogenaamde deskundige die een interessanterige term heeft bedacht voor iets wat iedereen al weet.'

Dat hangt samen met een andere menselijke zwakte, de *hindsight*-vertekening: wijsheid achteraf. Als een stel uit elkaar gaat, zegt de omgeving bijvoorbeeld vaak dat men 'het al dacht'; ze waren te verschillend, of juist: ze leken te veel op elkaar, of gewoon 'Ik vóelde het'. Wanneer we eenmaal de uitkomst van iets weten, proberen we die te begrijpen en verklaren. Die verklaringen worden vervolgens toegankelijk in ons brein, waardoor het resultaat heel voorspelbaar of zelfs onvermijdelijk lijkt. Zo komen er bij iedere ramp – balkons die van een gebouw vallen, ongelukken met een chemische fabriek, of met veerboten met te veel passagiers, of instortende tunnels in de Alpen – deskundigen op de proppen die 'altijd al dachten dat het niet goed kon gaan'.

Het probleem is dat we achteraf, met de kennis die we dan hebben, ons niet meer goed kunnen voorstellen hoe we er vooraf tegenaan keken. Als in al deze gevallen vooraf aan mensen gevraagd was hoe waarschijnlijk ze de gebeurtenis vonden, dan zou de kans lager zijn geschat zijn dan achteraf. Dat bleek vele jaren geleden na de ramp met de kerncentrale in Tsjernobyl. Mijn collega* was vlak daarvoor gestart met een onderzoek naar risicoschattingen, waarin hij onder meer had gevraagd naar de kans op een ramp met een kerncentrale. Toen het eenmaal gebeurd was, vroeg hij het weer aan dezelfde mensen, en hij vroeg ook hoe ze de kans voorheen hadden ingeschat. De respondenten bleken te overschatten hoe waarschijnlijk ze de ramp vooraf hadden gevonden.

Denk je dus 'Ik wist het wel' als je dit boek leest, vraag je dan af of dat wijsheid achteraf kan zijn. Ik geef direct toe dat deskundigen in de media vaak evidente *common sense* poneren als hun persoonlijke ontdekking. Maar zelf doe ik dat nóóit!

---

* Verplanken, B. & Pieters, R.G.M. (1988). Individual differences in hindsight bias: I never thought something like Chernobyl would happen. Did I? *Journal of Behavioral Decision Making, 1*, 31–147.

2 Lust, liefde en creativiteit

Een handelaar in antieke munten kreeg een aanbod om een mooie bronzen munt te kopen. De munt had het hoofd van een keizer aan de ene kant en de datum 544 B.C. aan de andere kant. De handelaar onderzocht de munt en belde de politie. Waarom?*

Een gevangene in een toren probeerde te ontsnappen. In zijn cel had hij een touw dat maar de helft van de lengte had die nodig was om bij de grond te komen. Hij deelde het touw in tweeën, knoopte de twee delen aan elkaar en ontsnapte. Hoe deed hij dat?**

Deze vraagstukken zijn bedoeld om creatief denken te testen: de vraag creëert in eerste instantie een impasse (je denkt 'Huh?') en je moet even met een andere blik naar de situatie kijken om de oplossing te zien; als je die eenmaal ziet, heb je een 'aha!'-ervaring. Heb je moeite met deze vragen, dan moet je misschien meer aan

p. 125, 43

liefde denken en minder aan seks. In een onderzoek*** kregen deelnemers vraagstukken zoals deze voorgelegd. De helft van de deelnemers kreeg vooraf opdracht om te beschrijven hoe een lange wandeling met hun geliefde zou verlopen, en hoe verliefd ze zich zouden voelen. Hadden ze geen geliefde, dan konden ze aan de ideale partner denken. De andere helft kreeg opdracht te denken aan vrijblijvende seks met iemand die ze aantrekkelijk vonden maar voor wie ze geen liefde voelden, en te beschrijven hoe prettig dat was.

** Hij haalde het touw in de lengterichting uit elkaar.

* 544 B.C. is voor de geboorte van Christus, in die tijd werd B.C. niet gebruikt.

*** Förster, J. e.a. (2009). Why love has wings and sex has not. *Personality & Social Psychology Bulletin, 35*, 1479–1491.

Bij de daarop volgende creativiteitstaak bleken de liefdes-deelnemers beter te presteren dan de seks-deelnemers. Op een taak voor analytisch denken was het juist omgekeerd. Bijvoorbeeld: Als A < B en C > B dan ... ? Zo'n taak vraagt logisch als-dan redeneren, een andere vorm van denken.

De onderzoekers verklaren dit effect met behulp van het onderscheid tussen globaal en lokaal denken. Lokaal denken is analy- p. 137
tisch; logisch redeneren, letten op details, kijken naar de bomen en niet naar het bos. Bij globaal denken kijk je juist naar het bos, je hebt een ruimere blik, dus meer *out-of-the-box*. Globaal denken p. 122
wordt gestimuleerd door een ruimer tijdsperspectief: denk je aan dingen die verder weg zijn, dan heb je een meer abstracte manier van denken. En daar zit 'm de crux, want liefde is geassocieerd met een langere tijdspanne – met binding, *commitment*, *foreverness* – en ook met andere concepten die een ruime, globale manier van denken activeren: 'wij', idealen, hogere sferen. Seks daarentegen – en vooral seks zonder liefde, zoals een *one-night-stand* – is aardser en meer gericht op het hier-en-nu. Fysieke behoeftes en korte- p. 88
termijn-bevrediging daarvan staan centraal. Dit activeert een lokale manier van denken.

Uit eerder onderzoek was al bekend dat een bepaalde denkmodus zich van de ene naar de andere taak kan vertalen, zelfs als dat niet per se nuttig is. Loop je dus steeds te denken aan seks en aan hoe je toch die leuke collega kunt versieren, dan is dat niet goed voor je creativiteit; wel voor je analytische vaardigheden, maar een hoge seks-*mindedness* lijkt toch wat blikvernauwend te werken.

De conclusie is verleidelijk dat je overal beter in wordt als je liefde en lust weet te verenigen, maar ander onderzoek suggereert dat in dat geval de liefde – en dus de creativiteit – 'wint'. Heb je de ware gevonden, met de perfecte lust-en-liefde-balans, dan moet je misschien af en toe even denken aan platte seks met iemand anders om ook je analytisch denken een oppeppertje te geven.

3 Het psychologisch afweersysteem

Stel dat je, als onderdeel van een toelatingsprocedure, een gesprek hebt met een groep van vijf mensen. Na afloop hoor je dat die mensen stuk voor stuk laaiend enthousiast waren en je geweldig vonden. Het is niet helemaal duidelijk wie precies wat heeft gezegd, of waarop ze hun indrukken baseerden, maar als je wilt kun je daarover gedetailleerde informatie krijgen. Wil je die hebben?

Ja, zeggen de meeste deelnemers die in een onderzoek dit meemaakten en deze vraag kregen voorgelegd.* Ze waren al blij met de
p. 143
positieve feedback en ze verwachtten nog blijer te worden als ze meer informatie kregen. De situatie bevat enige onzekerheid over wie nu precies wat van je vond, en het voelt alsof door meer informatie – en meer zekerheid – de gebeurtenis nóg prettiger wordt. Het tegendeel bleek echter waar. Onzekerheid intensiveert juist het positieve gevoel: wanneer mensen eenmaal de gewenste informatie krijgen, wordt hun positieve gevoel minder dan wanneer ze die informatie niet krijgen. Bij een positieve gebeurtenis kun je dus beter de onzekerheid in stand houden.

Bij negatieve gevoelens werkt dat anders. Die worden eveneens geïntensiveerd door onzekerheid, en dan is datgene wat we doen – de onzekerheid zoveel mogelijk wegnemen – dus wel effectief. Zo kan het prettiger zijn te weten op grond waarvan je precies bent afgewezen voor een baan dan hierover in het ongewisse te blijven.

---

* Wilson, T.D., Centerbar, D.B., Kermer, D.A. & Gilbert, D.T. (2005). The pleasures of uncertainty: Prolonging positive moods in ways people do not anticipate. *Journal of Personality & Social Psychology, 88*, 5–21.

Maar bij onzekere positieve gebeurtenissen pakken we het verkeerd aan, waardoor we niet het maximale geluk eruit halen. Doordat we niet goed tegen onzekerheid kunnen, proberen we die weg te werken. We proberen het ongewone, het nieuwe, het bijzondere, gewoon te maken. We gaan het verklaren (bijvoorbeeld: 'Deze baan is zo leuk omdat...') zodat we er greep op krijgen. We verzamelen informatie om beter te weten waar we aan toe zijn. We maken afspraken om dingen te regelen en te kunnen voorspellen. In het begin van je verliefdheid ben je bijvoorbeeld onzeker. Je stuitert van geluk als de ander laat blijken dat ie je leuk vindt. Maar dan wil je weten wát ie leuk aan je vindt, omdat je denkt dat dat je meer zekerheid geeft. (Geen goed idee, want als mensen moeten uitleggen waarom ze iemand leuk vinden, blijkt hun gevoel daardoor zwakker te worden.) En je wilt dingen afspreken zodat je weet wat je aan elkaar hebt. Elkaar vaker zien, trouw beloven, je huissleutel aan elkaar geven, enzovoort. Stom!

p. 94

p. 62

Meer algemeen maken we vaak verkeerde inschattingen van hoe onze eigen gevoelens werken. Zo blijken mensen die een groot bedrag winnen in een loterij zich minder gelukkig te voelen dan ze hadden verwacht. Mensen die met vakantie gaan, hebben tijdens de vakantie minder plezier dan ze vooraf hadden gedacht – en trouwens ook minder dan ze achteraf denken. Eigenlijk ga je dus op vakantie voor de voor- en de napret; tijdens de vakantie zelf loop je te balen van een regenbui, een ononoplettende ober, lawaaiige buren, een darmstoornis. Maar vooraf en achteraf denk je daar niet aan.

In deze voorbeelden wordt de *intensiteit* van (positieve) gevoelens vooraf overschat. Je kunt je ook vergissen in de *duur*. Dit gebeurt vaker bij negatieve gevoelens. Bij een verbroken relatie of afwijzing voor een baan verwachten we dat we daar na een week of zes nog zwaar onder gebukt gaan. Maar de meeste mensen die dit feitelijk meemaken, blijken dan alweer behoorlijk hersteld te zijn.

Bij het inschatten van toekomstige gevoelens houden we geen rekening met ons eigen 'psychologisch immuunsysteem'. Wanneer

p. 51, 79

ons iets ergs overkomt of onze zelfwaardering wordt bedreigd, treedt automatisch een natuurlijke afweer in werking. We bedenken dat die baan eigenlijk toch niet was wat we wilden; dat die partner die ons verliet toch ook wel een hoop nadelen had of dat we niet echt van elkaar hielden. We strompelen verder en komen andere potentiële partners of banen tegen die ook heel leuk lijken. Het leed wordt hierdoor minder. Wanneer we vooraf onze gevoelens inschatten, houden we hier geen rekening mee. Dat zou ook raar zijn; dan zou je tegen jezelf zeggen: 'Als ik die baan niet krijg, zal ik wel een reden verzinnen waarom ik het sowieso niet wilde en waarom een andere baan veel leuker is.'

De paradox is: als we inzicht hadden in ons eigen immuunsysteem, zou het niet werken, want dan zouden we weten dat we onszelf voor de gek houden. Het is dus wel zo handig dat we geen inzicht hebben in ons eigen geavanceerde verdedigingsbolwerk. p. 28, 116 Maar dit leidt tevens tot gebrekkige zelfkennis en onjuiste inschattingen van onze eigen reacties.

Het goede nieuws is dus, zoals in het gedichtje van Judith Herzberg: 'Het duurt altijd korter dan je denkt.' Maar er is ook een keerzijde. Door onze behoefte aan zekerheid vlakken we onbewust de pieken en de dalen af. We maken ons leven gelijkmatig. We willen ons geluk vasthouden, maar bij positieve gebeurtenissen werkt dat juist averechts. Met elke stap naar meer zekerheid, werk je ook de euforie van je eigen gevoel weg. Wil je meer meemaken en ten p. 104, 177 volle leven, dan hoef je enkel mee te bewegen met de ongewisse eb en vloed van het leven.

Betweters 4

'Iedereen heeft recht op zijn eigen mening. Ik vind alleen dat je moet weten hoe onnozel je klinkt als je deze mening geeft.'

Dit is een uitspraak van een deelnemer in een onderzoek over betweterigheid*: de neiging je eigen opvattingen superieur te vinden aan die van anderen, gepaard met een sterke behoefte die onnozele anderen te corrigeren en naar het rechte pad te leiden. Nu zijn we bijna allemaal wel geneigd onze opvattingen over belangrijke onderwerpen te beschermen en verdedigen. Als iemand iets beweert wat lijnrecht tegen je mening in gaat, over een onderwerp dat je na aan het hart ligt, dan ga je tegenargumenten bedenken en vaak ook uiten om die ander te overtuigen. p. 40

Een stapje verder gaat het als je zo narcistisch bent dat je iedereen die het met je oneens is als minderwaardig beschouwt; die snapt kennelijk nog niet hoe het in elkaar zit. Of zo dogmatisch dat je je meningen met grote stelligheid handhaaft en informatie die een ander licht op de zaak werpt, afdoet als niet ter zake. p. 139 p. 73

De betweterigheid uit het onderzoek gaat nóg een stapje verder. Net als narcisten en dogmatici vinden betweters hun eigen mening beter dan die van anderen, zijn ze sterk overtuigd van hun gelijk en kunnen ze zich niets voorstellen bij het idee dat ieders mening evenveel waard is en dat een ander soms gelijk kan hebben. Net als

---

* Saucier, D.A. & Webster, R.J. (2010). Social vigilantism: Measuring individual differences in belief superiority and resistance to persuasion. *Personality & Social Psychology Bulletin, 36*, 19–32. De onderzoekers gebruiken de term *vigilantism*, waarmee ze verwijzen naar vrijwilligersorganisaties die tot doel hebben misdaad te bestrijden; evenzo zijn er mensen die afwijkende meningen zien als een sociale misdaad die te vuur en te zwaard bestreden moet worden.

narcisten en dogmatici, en net als mensen die zich ergens sterk bij p. 18 betrokken voelen, hebben ze een stevige verdedigingslinie tegen overredingspogingen van anderen. Maar alwetend als ze zijn, voelen betweters zich ook nog geroepen hun meningen te verkondigen aan wie het maar horen wil – en vaak ook aan wie het niet horen wil – met als doel de wereld te verlichten en zo hun steentje bij te dragen aan ieders welzijn.

Uit het onderzoek blijkt dat ze dat zelfs doen als het verschil tussen hun eigen mening en die van de ander maar klein is. Ze willen hun mening sowieso verkondigen en steken daar ook veel energie in. Waar anderen soms zeggen 'Nou ja, laat ook maar, ieder zijn mening', weten betweters van geen ophouden. Zij voelen zich geprovoceerd door het simpele feit dát er mensen zijn met een mening, ongeacht wat die is, en gebruiken hun eigen standpunten als munitie om iedereen mee te beschieten. Zo wordt dat althans door anderen ervaren. In hun eigen optiek dragen betweters bij aan een beter besef van hoe de wereld in elkaar zit. Ze hebben uitzonderlijk veel geloof in de juistheid van hun meningen. Dat er geen enkel verband bestaat tussen geloof en daadwerkelijke juistheid, ach, dat zegt die onderzoeker, maar die heeft het in hun bijzondere geval dan toch niet helemaal begrepen.

Betweters zijn mensen die ingezonden brieven schrijven naar dagbladen en die in wachtkamers de medewachtenden royaal trakteren op commentaar op het ochtendnieuws. De onderzoekers geven helaas geen tips over hoe je ermee omgaat. Duidelijk is wel dat de betweters het beste met ons voor hebben. Ze stemmen in met stellingen zoals 'Het is mijn plicht anderen te verlichten', 'Degenen die intelligent en goed geïnformeerd zijn, hebben de verantwoordelijkheid anderen op te voeden', en 'Als iedereen de dingen ziet zoals ik ze zie, zou het beter gaan in de wereld'. Ik heb het niet wetenschappelijk onderzocht, maar ik vermoed dat veel politici betweters zijn en daar hun volharding en overtuiging vandaan halen. Zo bekeken is het geen wonder dat er in die wereld niemand naar elkaar luistert.

Te nabij 5

Toen ik nog dacht dat netwerken leuk was, ging ik eens lunchen met een collega-coach. Hij was mij aangeprezen als scherp en confronterend, dat leek me interessant. Maar al snel knapte ik af. Hij stelde veel persoonlijke vragen, keek me daarbij steeds indringend aan, reageerde met antwoorden in de stijl van 'Is dat belangrijk voor je?', 'Heb je dat vaker?' en keek dan nóg indringender. Bah, dacht ik, we zouden toch gewoon wat babbelen over ons werk, wat is dit opeens? Maar ja, misschien dacht híj wel dat ik zijn 'rake vragen' wilde vermijden. Dat ik koel reageerde juist omdat hij gevoelige snaren raakte; wie zal het zeggen. p. 60

Hieraan dacht ik terug toen Zomergast Carice van Houten een fragment liet zien waarin Piet Vroon wordt geïnterviewd door Martin Šimek. Ze lopen naast elkaar langs het strand, Vroon vertelt en kijkt voor zich uit. Samen lopen is een mooie manier om elkaar te leren kennen, vind ik. Je hebt iets te doen en je hoeft elkaar niet steeds aan te kijken. (*'It's the next-best thing to being alone!'* volgens Jerry Seinfeld.) Maar in het fragment houdt Šimek steeds halt, gaat tegenover Vroon staan, heel dichtbij, kijkt hem aan en stelt een persoonlijke vraag. Vroon kan daar niet mee overweg, hij kijkt gespannen, reageert behoedzaam. p. 143

Carice van Houten vond dit herkenbaar, vertelde ze: de angst van Vroon voor de intimiteit die Šimek probeert te bereiken. Vroon als intellectueel kan daar niet mee overweg, hij gaat rationeel reageren en klapt dicht. Ja, dacht ik, dat herken ik ook. Maar, dacht ik verder, is het hier nu echt om intimiteit te doen? Probeert Šimek echt om contact te maken?

Nee! Opeens begreep ik het. Als je echt contact wilt maken, probeer je bíj die ander te zijn. Dan zie je wat voor die ander gepast is, waar weerstanden en gevoeligheden liggen, en dan toon je daar respect voor. Dát is het begin van intimiteit. Dat creëer je door mee te bewegen met de ander, niet door indringend tegenover hem te gaan staan en zijn grenzen voor fysieke nabijheid te overschrijden, waardoor hij niet anders kan dan terugdeinzen. En wil je iemand tot zelfonthulling brengen – ook een manier om intimiteit te scheppen – dan moet je ook iets van jezelf onthullen. Als je je gedraagt alsof het best van één kant kan komen, toon je te weinig respect voor de relatie.

p. 65

Wat Šimek deed, en de coach met wie ik lunchte, is intimideren – en hoewel het woord erop lijkt, bereik je hiermee alles behalve intimiteit. Want je drukt de ander weg.

Ongetwijfeld zijn er mensen die écht bang zijn voor intimiteit, en die al gauw ten onrechte vinden dat een ander – een therapeut, interviewer of geliefde – te opdringerig is. Maar dankzij de psychologisering van onze samenleving vrees ik dat het omgekeerde veel vaker gebeurt: in een oprechte poging anderen te helpen of hun ziel bloot te leggen, of een onoprechte poging te schitteren als iemand die dwars door anderen heen kijkt, worden de nabijheidsgrenzen van een ander respectloos overschreden. Stuit dat op weerstand, dan heeft die ander kennelijk ‘remmingen’. Terwijl juist gevoelige mensen hier misschien wel het eerst last van hebben; zij voelen het eerst dat de overschrijding niet passend is.

Het verlangen naar contact, het verlangen de ziel van de ander te doorgronden, vraagt afstand en geduld. Die gevoelige, schuwe hond die iedereen in zich heeft, komt niet opeens tevoorschijn omdat iemand er indringend bovenop zit, maar op zijn eigen moment, misschien wel als je net even niet oplet. Als dat gebeurt, kijk hem dan niet gelijk recht in het gezicht. Loop rustig samen met hem op, kijk af en toe zijdelings opzij. Voor wie dat kan opbrengen, is de beloning groot: intimiteit, nabijheid in de ware zin van het woord.

Afgunst 6

Als we allemaal modaal verdienden, in een eenvoudig huisje woonden en een suffe baan hadden, had niemand een probleem. Er zou niemand zijn die het beter voor elkaar had. Dat we meer willen – succes, een betere baan, bezittingen, schoonheid, talent – komt niet doordat wat we hebben niet goed is, maar doordat een ander iets beters heeft. Vooral als het gaat om iets dat belangrijk is voor ons zelfbeeld, roept dat de behoefte op het verschil tussen de ander en onszelf kleiner te maken. p. 189

Nu kun je dat doen door de ander omlaag te trekken of door jezelf omhoog te werken. Beide komen vaak voor. Als de superieure positie van een ander je aanzet tot ijver en zelfverbetering, prima. Het is weliswaar prettiger als je bevlogen bent voor de goede zaak, of gemotiveerd bent om jezélf te overtreffen, maar de drang om niet onder te doen voor een ander is misschien wel een van de belangrijkste motoren achter onze economie. Ben je er daarentegen op uit de ander onderuit te halen, dan is dat vervelend voor iedereen – voor de ander, maar het is ook voor jezelf een onprettig gevoel – en zonde van de energie. Want jouw positie wordt er niet beter van. p. 119 p. 51

Wanneer willen we een ander die het beter voor elkaar heeft neerhalen, en wanneer willen we die ander evenaren door middel van zelfverbetering? Het eerste gebeurt wanneer je afgunst voelt, het tweede als je de ander benijdt. Afgunst blijkt vooral op te treden wanneer de ander zijn succes of privileges niet heeft verdiend. Iemand kan van alles bereiken zonder veel talent of inzet, bijvoorbeeld dankzij flink slijmen of een goede komaf, bijvoorbeeld Paris Hilton. Overigens zijn normale mensen die onverdiend een mooie positie bereiken, zich ervan bewust dat p. 13

dit afgunst oproept: ze gaan zich socialer gedragen om de ongelijkheid een beetje goed te maken.

Wanneer je vindt dat de betere positie van de ander verdiend is, ben je niet afgunstig maar benijd je de ander. Deze emotie wakkert de behoefte aan zelf ook iets te bereiken. In een onderzoek* bleken studenten die een medestudent benijdden om zijn succes, bijvoorbeeld meer gemotiveerd om hard te studeren. Ze gingen zelfs hoger scoren op een intelligentietest. Dit werkt natuurlijk alleen als je daadwerkelijk in staat bent om door extra inzet je eigen positie te verbeteren. Wanneer dat niet lukt, dan zal dat wat begint als benijden, zich automatisch omzetten in bewonderen. Dus als je vaker mensen benijdt dan bewondert, heb je het misschien te hoog in je bol... p. 24

Ook op het gebied van consumentenaankopen vond de onderzoeker een verschil tussen afgunst en benijden. Studenten die een medestudent zagen die hard had gewerkt om een iPhone te kopen, benijdden hem en waren vervolgens gemotiveerd ook een iPhone te kopen. Was de iPhone 'een van de dingen die hij van zijn vader kreeg', dan waren ze afgunstig en wilden geen iPhone hebben. In dat geval wilden ze liever een Blackberry. Met deze keus voor een toestel met een heel andere uitstraling zetten ze zich af om zich te onderscheiden. Dat is een bekende strategie als mensen afgunstig zijn maar niet in staat de ander naar de kroon te steken.

Op die manier kan afgunst misschien toch iets opleveren. Je kunt in een heel ander domein succesvol worden en jezelf vertellen dat dat veel belangrijker is. Heb je het zelf goed genoeg voor elkaar, dan hoef je niet meer afgunstig te zijn, en kun je misschien zelfs de ander ook nog bewonderen om zijn succes op een ander terrein.

---

* Van de Ven, N. (2009): *The bright side of a deadly sin: The psychology of envy.* Academisch proefschrift, Tilburg Universiteit.

7 Vreemden voor onszelf

Er zijn vele manieren om een beeld te krijgen van een sollicitant. Vaak worden persoonlijkheidstesten afgenomen. 'Ik ben *type 9*, of *blauw*, of *INTJ*,' zegt de kandidaat dan later, alsof de testuitslag een vastomlijnd verborgen zelf heeft onthuld. Er worden gesprekken gevoerd met vragen als 'Waarom is deze functie interessant voor je?' en 'Hoe zou je dit probleem aanpakken?' Dat is al even zinloos. Het is als vragen naar wat er onder het wateroppervlak zit aan iemand die alleen het topje van de ijsberg kan zien.

Het grootste deel van het 'zelf' is onbewust en bevindt zich onder water. De capaciteit van ons bewustzijn is zeer beperkt. In zijn boek *Strangers to ourselves* beschrijft de Amerikaanse psycholoog Tim Wilson de werking van het zogenoemde adaptieve
p. 97
onbewuste. Veel van onze waarnemingen, keuzes, conclusies en handelingen zijn gedelegeerd naar het onbewuste. Als je naar een receptie gaat, kun je gezichten van bekenden herkennen, je kunt grammaticaal correcte zinnen produceren, de juiste afstand tot anderen innemen en pratend door de ruimte lopen zonder tegen iedereen op te botsen; je weet met wie je wel en niet wilt praten, wat je wilt eten en drinken, hoe je reageert op iemand die net iets te dicht bij je gaat staan; je veert op als iemand even verderop je naam noemt terwijl je zelf druk in gesprek bent, en je rijdt automatisch de goede weg naar huis terwijl je gedachten al bij de volgende dag zijn. Al deze activiteiten verlopen grotendeels onbewust, waardoor parallelle gelijktijdige processen mogelijk zijn.

De keerzijde is dat we onze eigen drijfveren vaak niet kennen. We weten waar we trek in hebben, waar we graag over praten, welke films en welke muziek we mooi vinden, met wie we willen samenwerken en op wie we vallen. Maar we hebben geen idee waaróm. We kennen het resultaat van een proces, de conclusie, maar niet het proces zelf. We zijn dus in wezen vreemden voor onszelf: we hebben geen toegang tot de binnenkant, het mechaniek. Achter de coulissen verwerkt het onbewuste alle informatie, en alleen tussentijdse resultaten van dat proces worden zichtbaar: een gevoel, een idee, een beslissing of keuze.

p. 41
p. 175

Dit betekent dat we onze eigen beweegredenen nauwelijks kennen, ook al hebben we vaak wel die illusie. We verzinnen achteraf redenen: 'Dat ik die persoon graag mag, zal wel komen omdat hij me aandacht gaf – of juist me geen aandacht gaf want ik hou van een uitdaging, of omdat hij eigenschap X heeft want dat vind ik leuk.' Of: 'Ik vind collegialiteit belangrijk, dus dat moet de reden zijn dat ik graag werk bij bedrijf A.' We *bedenken* dit soort redenen, dat geeft ons het gevoel dat we onszelf kennen. Maar die bedenksels kloppen vaak helemaal niet met onze werkelijke drijfveren. Het is bovendien zo dat nadenken over je redenen de drijfveer zelf kan verzwakken. Dat pleit ervoor om niet alsmaar aan je partner te vragen waarom ie van je houdt, of aan sollicitanten waarom ze bij je willen werken. Je vraagt naar iets wat iemand helemaal niet kán weten. Hij kan wel een reden verzinnen, maar de liefde, of de lust om ergens te werken, neemt daardoor af.

Een en ander betekent dat de interviewer-vraag '*What makes you tick?*' volslagen onzinnig is, en de waarde van persoonlijkheidstesten op basis van zelfrapportage zeer betrekkelijk. Je meet met zo'n test een schim van hoe iemand echt is: je meet zijn eigen theorietje over zichzelf, samen met zijn interpretatie van wat er gevraagd wordt ('Dit gaat over besluitvaardigheid, en dat heb ik, dus ik zeg ja, zeer van toepassing'). Er komt geen verborgen zelf boven water, er komt precies datgene boven water wat al boven wás: dat wat de kandidaat al over zichzelf meende te weten.

Wil je mensen echt kennen, dan moet je kijken naar hun gedrag. Negeer wat ze over zichzelf zeggen, kijk naar wat ze dóen. Vraag naar feiten en details. Observeer. Op die manier kom je ook tot

p. 165

p. 116 zelfkennis. Kijk vanaf de buitenkant naar jezelf: let op je gedrag, niet op je bedoelingen en afwegingen. Juist via de buitenkant kun je jezelf leren kennen, omdat je dan niet wordt misleid door alle bedenksels die je er achteraf bij verzint.

Ankeren 8

Zijn er meer of minder dan 50 restaurants in Den Bosch? Lees verder als je je antwoord hebt bepaald.

Probeer nu het aantal restaurants in Den Bosch zo precies mogelijk te schatten.

Waarschijnlijk heb je bij de eerste vraag correct geantwoord dat het er meer dan 50 zijn, en bij de tweede vraag het aantal toch fiks onderschat. In een onderzoek* waarin de vraag op deze manier werd gesteld, was de gemiddelde schatting 170; een stuk minder dan de 589 Bossche restaurants in de telefoongids. Werd daarentegen eerst gevraagd of het er meer of minder dan 1000 zijn, dan was het gemiddelde antwoord 825, dus een overschatting. Dit illustreert het zogenoemde ankereffect: het eerste getal (50 of 1000 in dit voorbeeld) werkt als een anker waar de schattingen naartoe trekken.

Ankering heeft in het gewone leven veel meer invloed dan ons als weldenkende wezens lief is. Het beïnvloedt schattingen van getallen en kansen: je schat het jaarlijks aantal verkeersdoden hoger wanneer je eerst het aantal doden door hart- en vaatziekten hoort, dan wanneer je eerst het aantal door blikseminslagen hoort. Het ankereffect treedt ook op als mensen erg hun best doen tot een goede schatting te komen, en zelfs bij deskundigen. Zo is gebleken dat makelaars de taxatiewaarde van een huis sterk laten beïnvloeden door de vraagprijs. *So much for* de objectieve waardebepaling door de deskundige... Ook rechters, die geneigd zijn te denken dat

* D.D.L. Daamen, Universiteit Leiden.

ze boven menselijke dwalingen verheven zijn, bleken in een fictieve zaak een jaar langer gevangenisstraf op te leggen wanneer de officier van justitie 34 maanden had geëist dan wanneer de eis 2 maanden was. Op die manier kan de officier de rechter dus flink beïnvloeden. Hetzelfde gebeurt in onderhandelingen: door een hoog openingsbod te doen, zet je een anker uit. De kunst is het anker hoog genoeg te maken om de tegenpartij op te trekken, maar het niet te overdrijven, want een anker dat buiten proportie is werkt niet.

p. 39

Ankereffecten doen zich zelfs voor wanneer een ankerwaarde volledig onbewust is waargenomen**, of wanneer deze overduidelijk irrelevant is. In een onderzoek werd aan een rad van fortuin gedraaid dat willekeurig een getal tussen de 0 en 100 aangaf. Daarna moesten deelnemers aangeven of het percentage Afrikaanse landen in de Verenigde Naties hoger of lager was dan dit getal. Had de pijl van het rad een hoog getal aangewezen, dan viel hun uiteindelijke schatting ook hoger uit dan bij een laag getal, terwijl de ankerwaarde duidelijk volstrekt toevallig was.

Wanneer mensen onzeker zijn over hun oordeel, gebruiken ze de eerste de beste ankerwaarde als startpunt, omdat ze niets anders hebben om op te varen. Van daaruit corrigeren ze hun oordeel door naar boven of naar beneden bij te stellen. Bijvoorbeeld: 'De minister-president verdient 170.000 euro; ik ben wat jonger dus ik mag minder verdienen.' Maar meestal is de aanpassing onvoldoende. 'Anderhalve ton dan maar. Ik heb een betere lange-termijn-visie!' Zou je in dit voorbeeld redeneren vanuit het minimumloon, dan kom je tot heel andere conclusies, zelfs als je een fikse correctie maakt. 'Ik moet natuurlijk meer verdienen dan het minimumloon. Toch zeker wel drie keer zoveel, laten we zeggen een halve ton.'

** Reitsma-van Rooijen, M. & Daamen, D.D.L. (2006). Subliminal anchoring: The effects of subliminally presented numbers on probability estimates. *Journal of Experimental Social Psychology*, 42, 380–387.

Nog een voorbeeld: Vraag eens aan mensen om binnen 5 seconden de uitkomst te schatten van 1x2x3x4x5x6x7x8. Vraag andere mensen binnen 5 seconden het antwoord te schatten op 8x7x6x5 x4x3x2x1. In het eerste geval zullen ze gemiddeld veel lager uitkomen (rond de 500) dan in het tweede (rond de 2250). Om snel te antwoorden, beginnen ze met vermenigvuldigen van de eerste 3 à 4 getallen en gokken dan het eindantwoord door er iets bovenop te doen. Zijn ze begonnen met 8x7x6, dan is hun anker veel hoger dan als ze beginnen met 1x2x3. Overigens komen ze in beide gevallen veel te laag uit door de eerste schatting als anker te gebruiken; het goede antwoord is 40.320.

Omdat ankereffecten sterk en hardnekkig zijn, is het handig je ervan bewust te zijn. Je kunt anderen subtiel beïnvloeden door een ankertje uit te gooien, en je kunt vermijden dat je jezelf foutief ankert, door je in onzekere situaties altijd even af te vragen: welke waarde heb ik als startpunt gebruikt? Is die wel relevant? En denk nog even goed na voordat je de natuurlijke neiging volgt om je laatstverdiende salaris als anker te nemen voor je nieuwe baan.

9 Groepsdenken

'Twee weten meer dan één', zeggen we weleens. Dat is ongetwijfeld waar, maar als mensen de koppen bij elkaar steken, levert dat meestal niet betere beslissingen, meer inzichten of meer ideeën op. Integendeel: waar mensen als individu al behoorlijk de mist in gaan, lijken groepen dat nog sterker te doen.

Een van de psychologische verschijnselen die hierbij een rol speelt is groepsdenken (*group think*). Dit ontstaat wanneer het streven naar consensus sterker is dan het streven naar een rationele, juiste beslissing. De groepsleden zijn zich hier zelden van bewust. Niemand zegt ooit: 'We willen het alleen maar met elkaar eens zijn, ook al hebben we het allemaal fout.' Toch is de behoefte om er met z'n allen uit te komen vaak zo sterk dat mensen hun kritische vermogens onvoldoende benutten. Resultaat: afwijkende geluiden worden genegeerd (iemand die roept 'Ja maar...' wordt als lastig bestempeld en doet er het zwijgen toe), er wordt te weinig aandacht besteed aan feiten die tegen de consensus pleiten, alternatieven worden niet serieus bekeken, en groepsleden met bezwaren worden onder druk gezet om zich 'flexibeler' op te stellen, of houden uit p. 194 zichzelf al hun mond omdat ze geen spelbreker willen zijn. In zulke omstandigheden zijn verkeerde beslissingen gauw gemaakt. Ondertussen denkt iedereen: 'Mooi, we zijn het allemaal met elkaar eens; dan zal het wel de beste beslissing zijn.'

Een ander groepsverschijnsel speelt daarbij een rol, genoemd *pluralistic ignorance* (meervoudige onwetendheid). Als mensen ergens over twijfelen of iets niet weten, letten ze op anderen voor aanwijzingen. Als iedereen lacht om een grap die je niet begrijpt, dan zal er wel iets te lachen zijn. Als iedereen serieus kijkt bij een voorstel dat je absurd voorkomt, dan zal het toch wel serieus te nemen zijn. Een ernstig gevolg hiervan is dat mensen in een noodsituatie minder geneigd zijn om hulp te bieden wanneer er nog meer omstanders zijn. Rook uit een gebouw, iemand die op straat in elkaar zakt, twee mensen die wel erg heftig ruzie maken; in al die gevallen is het niet helemaal duidelijk wat er aan de hand is, en kijken mensen hoe anderen reageren. Wat ze zich niet realiseren, is dat die anderen óók afwachten en kijken naar anderen. Zo staat iedereen dus af te wachten of iemand alarm slaat. En als niemand dat doet, denkt iedereen: niemand doet iets, dus het is kennelijk niet erg.

Evenzo kunnen mensen in een groep onvoldoende beseffen dat anderen dezelfde bedenkingen hebben als zijzelf en zich ook maar aanpassen aan wat de meerderheid lijkt te denken. Zo kan het p. 68 gebeuren dat een groep vrienden met z'n allen naar een film of restaurant gaat waar niemand graag heen wil, omdat niemand de dwarsligger wil zijn. Of dat in een organisatie een besluit wordt genomen omdat iedereen denkt 'Ik zal wel de enige zijn dit een stom idee vindt'. Of dat medewerkers van banken riskante producten verkopen waar ze zelf niets van begrijpen, omdat ze allemaal aannemen 'Er zal ergens wel iemand zijn die het wel begrijpt, anders verkochten we dit niet'.

Ook de veroorzakers van de bankencrisis hebben dit ondervonden: we nemen te gemakkelijk aan dat 'het wel goed zal zijn' omdat 'iedereen het doet'. Iedereen houdt zich groot en niemand durft te zeggen 'Sorry maar ik snap het niet' – al was het alleen omdat in groepen ook vaak druk wordt uitgeoefend op dissidenten om geen oponthoud te veroorzaken, met name wanneer er tijdsdruk is; 'Nou zijn we er bijna uit, ga jij nu niet opeens moeilijk lopen doen!'

Omdat dit verschijnsel zo algemeen en menselijk is, is het goed te weten dat er een paar eenvoudige methoden zijn om groepsdenken tegen te gaan. Bij besluitvorming in groepen mag er geen tijdsdruk zijn en de leider mag niet sturend optreden. De groep moet iemand aanwijzen die de rol van 'advocaat van de duivel' speelt, zodat je verzekerd bent van tegengas. Na de eerste bijeenkomst moeten alle groepsleden de mening van mensen buiten de groep polsen, waarna een 'herkansingsbijeenkomst' volgt waarin alles nog volledig open ligt. Daarnaast is het raadzaam om bij groeps-p. 180 besluiten je eigen gedrag te toetsen door jezelf altijd drie gewetensvragen te stellen: (1) wil ik consensus bereiken of wil ik weten hoe het echt zit? (2) weten anderen beter wat er aan de hand is dan ik? (3) als ik meega met de groep, is dat dan consistent met mijn eigen morele kompas?

Als we onszelf deze vragen altijd stellen – in onze afdeling, organisatie en in de samenleving – zal opeens blijken dat we met z'n allen meewerken aan heel wat misstanden die we geen van allen zien zitten.

10 Baden in andermans glorie

Als mensen mij vragen wat ik voor werk doe, zeg ik vaak dat ik bij de universiteit werk, zonder nadere specificatie. Zeggen dat je psycholoog bent of hoogleraar kan ongewenste neveneffecten hebben. Nu weet ik dat ik niet altijd even professoraal overkom, maar ik was toch wat van mijn stuk toen iemand een keer vroeg: 'Werk je daar bij de administratie of zo?' 'Nee,' zei ik zonder een spoor van ontzetting, 'ik doe onderzoek en ik geef les.' Ik wilde hem niet in verlegenheid brengen door zijn vergissing in te wrijven.

Later vertelde ik het voorval aan een vriendin. 'Dat vind ik nou zo goed van jou,' riep ze, 'dat je nooit opschept over je positie. Want zelf doe ik dat wel!' Nu was de vriendin in kwestie op dat moment postbode, dus hardop denkend vroeg ik me af waar zij over opschept. 'Nou, dan zeg ik: ik heb een vriendin, die is hoogleraar!'

Dit is een ontwapenend voorbeeld van wat psychologen *basking in reflected glory* noemen: je baden in de glorie van een ander. Mensen die vol trots vertellen dat een beroemdheid uit 'hun dorp' komt. Mensen die zeggen: 'Je moet naar die specialist gaan, hij is de beste. Zeg maar dat ík je gestuurd heb, dan weet hij het wel.' Ouders die menen dat de bijzondere talenten van hun kinderen uitermate interessante gespreksstof vormen of die zogenaamd 'bezorgd' zijn dat hun kind hoogbegaafd is. Mijn ex in Oud-Zuid, die bij mijn eerste bezoek een ommetje wilde maken om te laten zien dat Jack Spijkerman, Kim van Kooten en iemand van het koningshuis bij hem in de straat woonden. (Na een tijdje zei ik, telkens als hij weer een BN'er uit de wijk noemde: 'Wat goed van jou joh!')

Mensen doen het ook als het over hun partner gaat. De partner is dan het verlengde van henzelf. Een collega zei laatst, toen ik een verkeerd idee bleek te hebben over de status van zijn vrouw, dat ze meer verdiende dan hijzelf. Hij offerde als het ware zijn eigen status op om de glorie van haar hoge positie te onderstrepen. Dat kan, want je kunt in theorie door je partner zoveel aanzien verwerven dat je zelf niks hoeft te kunnen. Als die geweldige persoon wat in jou ziet, dan ben jij ook geweldig.

p. 186, 48 *Basking* is een zo wijdverbreide imponeer-techniek dat deskundige Robert Cialdini vele varianten weet te onderscheiden. Wat mijn ex en mijn vriendin deden heet *boasting*: je associeert jezelf met een succesvolle persoon of organisatie, en hoopt dat de glorie daarvan op jou afstraalt. Het tegengestelde is *blaring*: jezelf distantiëren van iets of iemand waar iets mee mis is ('Ik hoor daar niet bij hoor'). Wat de trotse ouders doen, heet *burnishing*: het prestige opkrikken van iemand met wie je geassocieerd bent. Hieraan verwant is *boosting*: iemands negatieve kenmerken minimaliseren ('Ach, we maken allemaal foutjes toch?'). Het tegengestelde is *blasting*: iemand afkraken met wie je níet geassocieerd bent (en dus aangeven dat je met diegene ook noooooit geassocieerd zou wíllen zijn; waarmee je in feite verraadt dat je dat diep vanbinnen juist graag zou willen). Dan is er nog *burying* – verbergen dat je verbonden bent met iemand die een laag prestige heeft ('Oh maar daar werk ik allàng niet meer!') – en *blurring*: verbergen dat je iets onaardigs hebt gezegd over iemand die succes heeft ('Nee, ik bedoelde juist dat ik het zo gedurfd vond!').

Waarom doen mensen dit allemaal? Misschien moeten ze wel: als je zelf niks hebt om indruk mee te maken, moet je het wel doen via succesvolle anderen. Misschien denken ze dat het sympathie-
p. 58 ker overkomt: het lijkt minder opschepperig om een ander op de borst te slaan dan jezelf. Maar recent onderzoek* laat zien dat je in elk geval met *burnishing* nog verder van huis bent: breng je de ver-

* Tal-Or, N. (2009). Direct and indirect self-promotion in the eyes of the perceivers. *Social Influence*, 5, 87–100.

diensten van een ander onder de aandacht, dan word je daar helemaal niet sympathieker door, en het straalt het ook niet eens af op je eigen prestige. Je kunt dan toch maar beter opscheppen over jezelf, zo blijkt. Welverdiend baden in je eigen glorie: geniet ervan – met mate.

11 Koppig

'Wat moet er met homo's gebeuren dan?' was de vraag aan een jongere die het 'niet normaal' vond. 'Gewoon: terug uh... naar hun eigen land' zei hij met een ferme hoofdknik naar ver-weg. Het was bijna nog leuker dan de geïnterviewde in een ander programma, die zich zorgen maakte over de 'integrit.... integri... nou ja hoe het ook heet'.

Op gevaar af dat ik nu voor links en elitair word uitgemaakt, mijn conclusie was dat dit domme mensen zijn. Maar ik haast me daaraan toe te voegen dat dat weinig uitmaakt als het gaat om koppig vasthouden aan eigen meningen en overtuigingen: dat doen zowel domme als slimme mensen. Of het nu gaat over de klimaatverandering, subsidies of hypotheekrenteaftrek, mensen verwerpen gewoonlijk informatie die strijdig is met hun meningen of belangen. Rokers slaan een artikel over de gevaren van roken over, mensen die hard willen rijden menen dat het allemaal reuze meevalt met de verkeersdoden en de gevolgen voor het milieu, rechtse mensen vinden dat sociale problemen en armoede te wijten zijn aan de betrokkenen zelf terwijl linkse mensen de omstandigheden als oorzaak zien, maar als het omgekeerd beter uitkomt is het omgekeerd.* Harde wetenschap helpt geen mallemoer: onderzoek met onwelgevallige resultaten wordt gezien als onbetrouwbaar.

Als ik een politiek debat volg, vraag ik me dan ook weleens af: waarom debatteren ze eigenlijk? Idealiter willen weldenkende

---

* Morgan, G.S., Mullen E. & Skitka, L.J. (2010). When values and attributions collide. *Personality & social psychology bulletin, 36,* 1241–1254.

mensen die ons land besturen, overwegingen en informatie uitwisselen met andere weldenkende mensen, om al doende tot verstandige en goed gefundeerde beslissingen te komen. Maar het ziet er altijd uit alsof iedereen allang positie heeft ingenomen en daar hoe dan ook niet meer vanaf te brengen is. Hetzelfde gebeurt in vergaderingen op het werk. We spelen dat we overleggen, maar in feite hebben we ons standpunt al bepaald. Wat heeft zo'n discussie dan nog voor zin?

In de psychologie wordt onderscheid gemaakt tussen verschillende fases van besluitvorming. In de pre-decisionele fase ligt alles nog open en wordt informatie verzameld om tot een beslissing te komen. In de post-decisionele fase is het besluit genomen. Misschien moet het nog wat bijgeschaafd worden, of nog uitgevoerd worden, maar er is een keus gemaakt. De deur zit dicht. Uit consumentenonderzoek is bekend dat mensen, als ze eenmaal weten welke auto ze willen kopen, graag folders van dat merk willen lezen en geen folders van andere merken. Vooral als ze moeite hebben gehad met kiezen. In de post-decisionele fase zoeken mensen bevestiging van hun besluit en staan ze niet open voor informatie die hen weer aan het twijfelen kan brengen.

p. 175

Het vervelende is dat mensen die in de post-decionele fase zitten, zelf vaak niet beseffen dát ze erin zitten. Ze gaan met anderen in discussie alsof ze nog op andere gedachten zijn te brengen, terwijl hun werkelijke doel is om die ánderen op andere gedachten te brengen. Als de ander ook in de post-decisionele fase zit, is dat natuurlijk verspilde moeite. Maar ze denken allebei dat de ander niet open staat voor argumenten, en zij zelf 'ja natuurlijk wel, alleen ik heb nog niets gehoord dat overtuigend was!' Wie in de post-decisionele fase zit, vindt immers niks overtuigend dat in een andere richting wijst.

In de politiek en het nieuws daarover wordt veel energie verspild aan dit soort nep-overleg. Soms zijn alle betrokkenen (bijvoorbeeld kabinetsleden of Kamerleden) al in de post-decisionale fase, alleen zijn ze het niet met elkaar eens. Dan zit er niks anders op dan zogenaamd heel pre-decisioneel zeggen dat eerst meer informatie nodig is. Informatie die vervolgens niet wordt gebruikt, en die onbetrouwbaar wordt genoemd indien strijdig met de voorkeur. In feite komt het erop neer dat politieke discussies en debatten zinloos zijn (behalve als PR-instrument naar de kiezers) omdat niemand zich door feiten of argumenten van het eigen standpunt af laat brengen. Gewone mensen doen dat al zeer zelden, en politici al helemaal niet, want de belangen en de mogelijkheid van gezichtsverlies zijn voor hen nog groter.

Of het nu gaat om meningen over hoe het land, je organisatie of je gezin bestierd moet worden, je kunt je de moeite besparen andersdenkenden te overtuigen: alles wat je zegt weten ze uiteindelijk zo te draaien dat ze kunnen blijven denken wat ze toch al dachten. Wat je wél kunt doen, en dat is misschien wel veel belangrijker, is onderzoeken of je zelf wel vrij en open bent in je opvattingen. Of je niet jezelf zo hebt vast genesteld in je belangen dat je geen kant meer op kunt. In de politiek zijn gevestigde belangen soms zó groot dat bepaalde opties – die wellicht ideologisch gezien heel passend zouden zijn – überhaupt niet meer overwogen kunnen worden. Dat is begrijpelijk maar het creëert ook grote onvrijheid van handelen en een vernauwde blik. Ook in het gewone leven zitten we allemaal weleens in zo'n situatie. Juist dan is het nodig ook eens goed naar die ene weg te kijken waar in je hoofd dat grote bord 'geen toegang' voor staat. Het weghalen van dat bord betekent vaak dat je een verlies neemt, maar juist dat kan tegelijkertijd een grote bevrijding zijn, en een opening naar vele nieuwe wegen.

p. 51, 168

12 Klagers

'Ze gunnen mij hier gewoon niks.' 'Dat heb ik weer'. 'Zo kan ik toch nooit iets nuttigs doen.'

Ken je dit geluid? Het geluid van het Slachtoffer. Slachtoffers ondervinden veel tegenslag. Ze worden tegengewerkt en belemmerd. Of het nu de baas is, het weer of de computer, maakt niet uit: ze willen het erover hebben. Vinden ze klagen dan leuk? Nee, juist niet. Ze willen 'heus wel' positief zijn. Maar dat kan nu eenmaal niet. Er zijn te veel obstakels, die moeten eerst erkend worden. Noodgedwongen delen ze hun leed met iedereen, net zolang tot ze die erkenning krijgen.

En daar zit 'm de kneep. Want je natuurlijke reactie op een klager is ergens anders over beginnen of opbeurende woorden spreken: 'Kop op, het komt wel goed.' Maar dat wil Slachtoffer helemaal niet, want daarmee doe je de ernst van de zaak geen recht. Logischerwijs gaat Slachtoffer dan juist nog harder lamenteren, zodat je ziet hoe erg het is. Als je slachtofferig gedrag wilt tegengaan, moet je dus om te beginnen iets doen dat tegen je gevoel in gaat: luisteren (bij voorkeur écht, want slachtoffers hebben door hun ruime ervaring een neus voor nep-luisteren), aandacht en erkenning geven. 'Jeetje zeg, wat ontzettend naar voor je.' Dat levert je veel krediet op. Je wordt een Pim Fortuijn-held: 'Eindelijk iemand die naar ons luistert.'

Maar daarmee ben je er niet. Want omdat de erkenning zo fijn is, wil Slachtoffer er nog meer van hebben. En niemand anders luistert; dus als je niet oppast, word jij voortaan altijd opgezocht zodra er wat te urmen valt. Je moet daarom het opgebouwde krediet gebruiken om een volgende stap te zetten: de Dr.-Phil-stap.

Dr. Phil stelt zijn probleemgevallen altijd één zinnige vraag: 'Wat kun jij bijdragen aan de oplossing van dit probleem?' Dat moet natuurlijk niet op een verwijtende of afschuiverige manier, want dan ben je terug bij af. Je bouwt het op vanaf de Fortuijn-fase: 'Jeetje wat rot zeg...' [ach en wee] 'Goh, dit is wel heel naar, dit moet absoluut opgelost worden! Laten we eens kijken, is er iets wat jij zou kunnen doen om een oplossing te bevorderen?' p. 136

Dat werkt niet in één keer, want Slachtoffer zit in de passieve rol en gaat allerlei dingen bedenken die in de wereld of in het gedrag van andere mensen moeten veranderen, dán is het opgelost. Je moet dan steeds een klein stapje terug doen naar fase 1: 'Ja, jee, dat begrijp ik, maar weet je, het ziet er naar uit dat X (de baas, het weer, de computer) niet gaat veranderen, daar heb je gewoon geen invloed op. Wat vervelend hè? Ja, en juist daarom zou het zo fijn zijn als we iets anders kunnen bedenken. Misschien zijn er dingen waar je wél invloed op hebt die je kunt doen?' p. 130

Dit *loop*-je moet je steeds herhalen. Dat is ontmoedigend voor slachtoffers, daarom heb je nog een derde ingrediënt nodig: het lonkend perspectief. Slachtoffers praten vooral over wat ze niet willen, dus je moet de gedachten sturen naar wat ze wél willen; hoe ze willen werken, wat hun idealen en waarden zijn. Dit zou je de Obama-stap kunnen noemen: *Yes we can.* Je kunt schetsen hoe heerlijk het zal zijn om het echt aan te pakken, hoe belangrijk het is voor iedereen, het gevoel van autonomie dat het zal geven, de prettige sfeer die zal ontstaan. Vanaf stap 2, 'Wat kun jij bijdragen aan de oplossing van dit probleem?' kun je meteen doorpakken: 'Stel je voor dat het zou lukken, wat zou er dan allemaal opeens mogelijk zijn; wat heerlijk hè?' p. 88, 180

Het kost even wat energie, en je moet eraan blijven werken, maar ik verwacht dat deze drietrapsraket Fortuijn-Dr.Phil-Obama een uiterst effectief wapen is tegen jammerigheid.

13 Grenzen overschrijden

Toen ik net verhuisd was naar 'het buitengebied', zou een familielid een weekendje komen. Lekker wandelen en gezellig helpen klussen. Het werd een koude maand en familielid belde af: 'Het voelt niet goed. Trein, koud, je huis is nog niet op orde. Ik heb er geen goed gevoel bij. En die keren in mijn leven dat ik daar niet naar luisterde, is het altijd fout gegaan.'

Ja, zo lust ik er ook nog wel een paar! Belastingaangifte invullen? Bah, geen goed gevoel bij. Stoppen met zuipen? Mwoah, voelt nog niet als het goeie moment. Hond uitlaten in de regen? Neu, voelt slecht. Etentje voor nieuwe collega? Uhm… bij twijfel niet doen. Bewaak je grenzen!

'Je gevoel volgen' kan enorm verraderlijk zijn. Natuurlijk is het ongezond je eigen behoeftes opzij te zetten of door anderen over je
p. 115 heen te laten lopen. Maar in het verlangen naar eigenheid en trouw zijn aan zichzelf, zijn veel mensen op drift geraakt. Ze zeggen kort van tevoren afspraken af omdat het opeens verkeerd voelt (ja, dat heb ik nou ook altijd: dat je minder zin hebt als het dichterbij
p. 154 komt). Ze gooien zonder enige gêne al hun emotie eruit omdat je 'het niet op mag kroppen'. Ze gedragen zich koppig en weerbarstig onder het (vaak snikkend uitgesproken) motto: 'Ik mag niet over mijn grenzen heen gaan.' Ze weten het altijd beter, want ze voelen het. En wat je voelt is waar. 'Ik dacht het al, dat ik die avond niet uit eten moest gaan. En zie, ik werd misselijk daarna. Ik weet ook precies door welk gerecht het komt, ik voelde het meteen.' Als je iets voelt, dan wéét je het. Dan is er geen twijfel mogelijk. Dan heb je ook altijd gelijk. 'Ik wíst het.'

Andere mensen geven weinig weerwerk, want ze kunnen toch niet zeggen: 'Ach flikker op met je gevoel.' Het lijkt ook zo soft en gevoelig om je gevoel te volgen. Maar dat is het vaak helemaal niet. Het is soms een doodordinaire manier om je zin af te dwingen. 'Als het mij zo verdrietig maakt, dan kun je dat toch niet doen, je kunt toch niet doen of mijn gevoel niet bestaat?'

Dat wordt lang niet altijd zo bedoeld door de voeler. Maar we hebben vaak weinig anders om op te varen. Vroeger hadden we de Bijbel en de normen en waarden van de goegemeente. Nu staat individuele vrijheid bovenaan. Maar de dictatuur van het gevoel p. 146, 159 kan net zo dwingend en rechtlijnig zijn als de Bijbel. En ook minstens zoveel onvrijheid creëren. Bedenk dat gevoelens sterk verbonden zijn aan instincten – daarom voelt het slecht om kou en ongemak op te zoeken, en voelt het goed om bij je geliefde of je gezin te zijn. Of om binnen je comfortzone te blijven. Volg je je gevoel, dan zijn negen van de tien keer de instincten de baas. Zoals p. 88, 141 bij alle andere dieren dus. Dieren die niet het vermogen tot keuzevrijheid hebben. Dieren die geen zelfreflectie kunnen plegen en p. 128 tegen zichzelf zeggen: 'Kom op zeg, wat is er nu écht belangrijk in het leven?'

Je moet juist wel over je grenzen heen gaan. Alleen dan kom je tot ontwikkeling en tot een betere versie van jezelf. Alleen dan ben je vrij.

14 Kempkippen

p. 139, 94

Een paar jaar geleden gaf ik weleens lezingen over leidinggeven voor vrouwen. Met vrouwen onder elkaar was dat vaak heel leuk, maar soms juist helemaal níet: dan ontstond er een sfeer van kritiek, elkaar vliegen afvangen, het beter weten (opeens hadden de dames dan meer verstand van onderzoek dan ik) en vervolgens weer elkaar daarop aanspreken. Dan bleek dat vooral vróuwen enorme haantjes kunnen zijn.

Vergeleken met mijn lezingen voor managers (overwegend mannen) is mijn indruk dat de mannen in het algemeen wat meer ontspannen en gemoedelijk zijn, makkelijker ergens overheen stappen en elkaar meer gunnen. Dat zal op de werkvloer misschien lang niet altijd zo zijn, maar veelzeggend is misschien toch de vraag die ik kreeg van een mannelijke leidinggevende: ‘Kun je niet eens lezingen houden over leidinggeven áán vrouwen? Hoe je met die onderlinge nijd en intriges omgaat? Als de vrouwen ’s morgens elkaar héél vriendelijk groeten, met een lief hoog stemmetje, dan weet ik al: er gaat een bom barsten, we krijgen stront.’

Kennelijk zijn vrouwen tegen elkaar vaak wat vinniger en haatdragender, terwijl mannen hun irritaties lekker oppervlakkig wegspoelen met een gezamenlijk biertje. Terwijl mannen elkaar in netwerken vooruit helpen, blijken vrouwen minder vaak coalities te sluiten. Niet alleen op het werk; ook daarbuiten spannen vrouwen vaak alleen samen om te roddelen over een andere vrouw. Moeders hakken elkaar de pan in over wel of niet werken: werkende moeders vinden huismoeders slechte rolmodellen, huismoeders praten werkende moeders een schuldcomplex aan. In relaties valt op dat zoveel vrouwen een vijandige verhouding hebben met hun schoonmoeder, en dat vrouwen wier partner hen bedondert met een minnares vaak eerder boos zijn op de minnares dan op de man.

Dit gebrek aan onderlinge solidariteit wordt versterkt door het feit dat mannen vaak slappe zakken zijn. Echtgenote en schoonmoeder bestrijden elkaar omdat de mán zich niet uitspreekt. Als hij gewoon zou zeggen hoe hij het wil, met wie hij het eens is, en bij wie hij met Kerstmis wil zijn en bij wie niet, dan konden de vrouwen onderling de strijdbijl begraven. Maar mannen willen de kool en de geit sparen. Ze willen al hun opties openhouden, en dat doe je door je niet uit te spreken. En de vrouwen, die doen wel heel stoer en strijdlustig, maar ondertussen richten ze hun boosheid vooral op elkaar en laten ze zo'n slapjanus van een man daarmee wegkomen. p. 37

Ik heb een man gekend die op deze manier een complete harem wist te onderhouden. De vrouwen die het bestaan van mededingsters ontdekten, gingen bij de man vragen stellen. Hij stelde hen dan gerust dat die andere vrouw er helemaal niet toe deed; dat ze minder slim, sexy, relaxed, ruimdenkend of spannend was – net wat ze wilden horen, waar ze zelf goed in waren en die ander tot hun vreugde niet – en dan was het weer even goed. Als die vrouwen meer aan *female bonding* hadden gedaan en bij elkáár te rade waren gegaan, in plaats van zich gerust te stellen met de minpunten van de ander, hadden ze het bedrog meteen ontdekt. p. 25

Onlangs werden in een onderzoek* Amerikaanse studenten onder de loep genomen, die vaak samen met een seksegenoot op een studentenkamer wonen: een fijne snelkookpan als er wrijving is. En inderdaad bleek dat meisjes vaker een conflict hadden, ontevredener waren, zich meer stoorden aan hun *roommate*, en ook vaker van *roommate* wisselden dan jongens, ongeacht of deze

---

* Benenson, J.F., Markovits, H., Fitzgerald, C., Geoffroy, D., Fleming, J., Kahlenberg, S. & Wrangham, R.W. (2009). Males' greater tolerance of same-sex peers. *Psychological Science, 20,* 184–190.

zelf gekozen was of toegewezen. Hoewel vrouwen altijd worden gezien als socialer, coöperatiever en meer gericht op 'samen', blijken juist de mannen minder hard te oordelen en menselijke gebreken meer te accepteren. Wil je als vrouw meer bevredigende en langdurige vriendschappen en collegiale verhoudingen, dan is het devies simpel. Vraag je bij ergernissen domweg af: wat zou ik doen als ik een man was?

Kritiek 15

De meeste mensen hebben een gretige belangstelling voor informatie over zichzelf. Horen ze hun naam noemen, dan veren ze op: wat wordt er over mij gezegd? Testresultaten over zichzelf bestuderen ze langer en aandachtiger dan over een ander.

Waarom willen we eigenlijk informatie over onszelf? Wat hopen we te weten te komen? We willen zelfkennis hebben, menen we, zodat we bijvoorbeeld onze onvermoede talenten kunnen benutten en rekening kunnen houden met onze valkuilen. Psychologen noemen dit het *self-assessment*-motief: de behoefte om te bepalen hoe je echt bent. Een verwant motief heet *self-improvement*: de behoefte om je minpunten weg te werken en je kwaliteiten te versterken. Volgen we deze motieven, dan zouden we idealiter alle feedback verwelkomen, onbevangen en met open vizier. p. 143

Dat ideaal staat haaks op hoe het er in de praktijk aan toegaat. Bij negatieve feedback zeggen we bijvoorbeeld: 'Ik kan heel goed tegen kritiek, maar het moet wel *opbouwende* kritiek zijn!' – om vervolgens alles wat ons niet bevalt af te doen als niet opbouwend. Op die manier kun je kritiek afwimpelen en ook nog de overtuiging in stand houden dat je er goed tegen kunt. Zo heeft de *spin doctor* die we allemaal met ons meedragen nog meer sluwe trucs in huis. p. 18, 79 We geven meer aandacht aan positieve dan aan negatieve informatie over onszelf. Onze wanprestaties, klunzigheden en misstappen onthouden we slechter dan onze successen en goede daden; áls we ze onthouden lijken ze langer geleden (toen we nog niet 'onszelf' waren) en we vinden dat 'iedereen dat toch heeft' of dat het om een onbelangrijke eigenschap gaat, terwijl we onze talenten en goede bedoelingen juist als uniek ervaren en als bui-

tengewoon belangrijk in het leven. Vragen over waar we goed in zijn interpreteren we naar ons toe: 'Ja, ik ben goed in analytisch denken' – want ik kan schaken, denkt de een, – want ik kan apparaten uit elkaar halen, denkt de ander, – want ik analyseer mijn gevoelens, enzovoort. Moeten we toch erkennen dat we iets verknald hebben, dan vinden we meestal dat de oorzaak daarvan buiten onszelf ligt (iemand anders, pech, onmogelijke opgave) of desnoods bij kenmerken van onszelf die we kunnen bijstellen (niet ons best gedaan, te weinig interesse, niet goed voorbereid). Maar nooit dat we gewoon te stom zijn.

Onze zucht naar zelfkennis wordt in werkelijkheid vooral gestuurd door het *self-enhancement*-motief: de behoefte onszelf te verheffen en ons positieve zelfbeeld te handhaven. We zijn ons daar niet van bewust – als we dat wel waren zou het immers niet werken ('Ik ben goed, vind ik, dankzij mijn *spin doctor* die het zo heeft bekonkeld'). Dit heeft ongelukkige gevolgen voor al onze pogingen onszelf werkelijk te leren kennen, alsmede voor de goedbedoelende medemens die ons 'opbouwende feedback' geeft. Leerzame feedback stuit vaak op een breed scala aan verdedigingsmanoeuvres, waarvan de kwalificatie dat het niet opbouwend is, of dat je betere voorbeelden moet geven (want je moet het allemaal 'bewijzen') nog maar de geringste is. In een onderzoek bleken bekritiseerde deelnemers de kritiekgever later bij het eten stiekem extra veel sambal op zijn bord toe te dienen, wetend dat hij daar niet goed tegen kon. Ook waren ze naderhand, in gesprek met iemand anders, afstandelijk en ongeïnteresseerd – kennelijk met zichzelf bezig.

p. 73

Tips over hoe je kritiek moet geven helpen maar deels. Bij de sandwichformule bijvoorbeeld (positief beginnen en eindigen, de kritiek in het midden veilig verpakt) voelt de ontvanger na het positieve begin al aan zijn water dat er een 'maar' aankomt – en alles wat na een 'maar' wordt gezegd heeft veel impact, want wordt gehoord als 'waar-het-eigenlijk-om-gaat'. Het grote probleem is dat je het zelfverheffingsmotief buiten de deur moet krijgen. Dat

p. 178 kun je doen door het zelfverbeteringsmotief aan te roepen ('Je hebt zoveel mogelijkheden, en wat zou het heerlijk zijn als je die nog effectiever kunt gaan benutten. Ik heb een suggestie hoe je dat kunt aanpakken') en door de betrokkene tijd te geven om de feedback te verwerken, zodat de *spin doctor* enigszins tot bedaren kan komen.

Eerst doen, dan geloven

16

Als je blij bent lach je, maar het is ook omgekeerd: als je lacht word je blijer. Dat gebeurt vanzelf. De hersenen voelen dat de lachspieren zijn aangespannen, en dat wordt automatisch gekoppeld aan een blij gevoel.

Dat gebeurt zelfs wanneer je je er niet bewust van bent dat je lacht. In een onderzoek keken deelnemers naar cartoons en moesten daarbij een pen in de mond houden. De ene helft moest de pen horizontaal tussen de tanden houden zonder hem met de lippen aan te raken. Probeer maar eens; de lachspieren in je kaak gaan vanzelf aanspannen. De andere helft moest het uiteinde van de pen tussen de lippen houden zonder de tanden te gebruiken. Je spant dan vanzelf de spieren aan waarmee je droevig kijkt. Na afloop bleek dat de eerste groep de cartoons leuker vond dan de tweede.

Vergelijkbare resultaten zijn gevonden voor tal van bewegingen en houdingen. In de psychologie staan deze effecten bekend onder de naam *embodiment*: wat je lichamelijk ervaart, vertaalt zich rechtstreeks naar een mentale ervaring. Zo kunnen mensen ook positiever tegen iets aan kijken wanneer ze hun arm gebogen houden in plaats van gestrekt (geassocieerd met een ontvangende of juist een afwerende houding) of wanneer ze onbedoeld ja schudden in plaats van nee, doordat ze een balletje volgen dat op en neer beweegt in plaats van heen en weer.

Ook externe fysieke prikkels kunnen gedachten, gevoelens en gedrag kleuren. Mensen die iets zwaars in hun handen hebben of een enquête invullen op een zwaar klembord, schatten de waarde van buitenlandse munten hoger in, denken dieper na en vinden datgene waar ze op dat moment over nadenken belangrijker. Men-

sen die een kop warme koffie vasthouden, oordelen positiever over anderen en zijn vrijgeviger dan mensen met een kop ijskoffie in hun handen. Het gevoel van fysieke warmte leidt dus tot een warmere houding. Omgekeerd werkt dit trouwens ook: als mensen zich verlaten voelen, krijgen ze het fysiek kouder. In een onderzoek* werd aan deelnemers gevraagd terug te denken aan een situatie waarin ze zich afgewezen of juist geaccepteerd voelden. Daarna kwam er een assistent binnen die zogenaamd met het verwarmingssysteem bezig was en de deelnemer vroeg de temperatuur in de kamer te schatten. Na het denken aan een afwijzing schatte men de temperatuur maar liefst 3½ graad lager. Uit een
p. 111
vervolgstudie bleek ook dat deelnemers die waren buitengesloten in een balspel, positiever oordeelden over koffie en soep dan deelnemers die de bal wel hadden gekregen, terwijl er bij cola en appels geen verschil was. De afgewezenen hadden meer behoefte aan warme drankjes.

Kennelijk zijn lichaam en geest helemaal niet zo gescheiden als we – in de koele geest van Descartes – aannemen. Onlangs werd een andere interessante toepassing van *embodiment* gedemonstreerd.** De onderzoekster redeneerde dat een vermijdingsbeweging
p. 162
normaliter met een verhoogde alertheid gepaard gaat. Bijvoorbeeld: als je door het bos loopt en vlak voor je iets onbestemds ziet ritselen, spring je achteruit en kijk je aandachtig wat er aan de hand is. Omgekeerd zou het maken van een vermijdingsbeweging dus ook een verhoogde oplettendheid moeten creëren. Zij testte dit in verschillende experimenten met verschillende vermijdingsbewegingen: nee schudden, iets van je af duwen en zelfs achteruit lopen. In alle gevallen bleek dat de deelnemers hierdoor beter

---

* Zhong, C.B. & Leonardelli, G.J. (2008). Cold and lonely: Does social exclusion literally feel cold? *Psychological Science, 19(9),* 838–842.

** Koch, S., Holland, R.W., Hengstler, M. & van Knippenberg, A. (2009). Body locomotion as regulatory process: Stepping backward enhances cognitive control. *Psychological Science, 20,* 549–550.

presteerden bij een taak die oplettendheid en concentratie vraagt, vergeleken met deelnemers die ja schudden, iets naar zich toe trokken en vooruit liepen. Ook waren ze daarna eerder mentaal uitgeput, wat erop wijst dat ze tijdelijk even alle cognitieve zeilen hadden bijgezet. Het maken van een vermijdingsbeweging werkt dus als een soort mentaal uitroepteken: even opletten graag. p. 146, 175

Of dit direct praktisch toepasbaar is, weet ik niet. Ik moet het eerste werkoverleg nog meemaken waarbij iedereen de opdracht krijgt achteruit rond de vergadertafel te lopen met een pen horizontaal tussen de tanden, om oplettendheid én een vrolijke sfeer te scheppen. Maar *embodiment*-onderzoek laat wel iets zien dat heel bruikbaar is: dat je gedachten, gevoelens en gedrag kunt veranderen domweg door iets anders te dóen. Wat de Engelsen *going through the motions* noemen – gedrag vertonen zonder dat je er zelf in gelooft – de bewegingen maken zonder te dansen: je moet het gewoon doen, de rest komt vanzelf. Niet wachten tot je erin gelooft, niet wachten tot je hart en ziel erin zit: eerst doen, dan geloven.

17

Meelevend maar niet sociaal

De poes heeft een vogel gevangen. Ik hoor het aan het hulpeloze gepiep. Ik ren naar buiten, klaar om de vogel met zachte maar dwingende hand uit haar bek te halen zoals ik vaker heb gedaan. Maar het ziet er slecht uit: de vogel spartelt op de grond en kan al niet meer opstaan. Poes hapt gretig toe. 'Nou ja, die is niet meer te redden,' besluit ik. 'Dan moet de natuur z'n gang maar gaan.' Maar daar hoef ík geen getuige van te zijn. Gauw loop ik weer naar binnen.

Maar dan gaat het knagen. Ik ben weggelopen omdat ik geen vogelleed wilde meemaken, vermaan ik mezelf. Maar ook al kan ik nu niet zien wat daarbuiten gebeurt, het gebéurt evengoed wel. En misschien had ik toch kunnen helpen. Het zou een nare, stressvolle ervaring zijn, maar ik moet het minimaal probéren. In plaats van lekker weer in de bank te vallen met de krant, kan ik nu niet anders meer dan naar buiten rennen, de hijgende vogel oppakken, in een doos doen en met gierende wielen en opgefokt gemoed naar de dierenarts racen.

Mensen kunnen soms, onder het mom van altruïsme en betrokkenheid, buitengewoon egocentrisch zijn. Ze zien iets ergs en roepen 'Daar kan ik niet tegen!' en sluiten zich ervoor af. In de vakliteratuur heet dit *empathic distress*: door je empathie ben je zo van streek dat je niets doet. Dat voelt wel heel betrokken, maar niemand heeft er iets aan. Wat je doet is in feite niet zo sociaal, want je kiest voor je eigen gemoedsrust. Hetzelfde doen mensen die zeggen: 'Dat is de natuur, die is wreed.' Dat klinkt wijs en berustend. Maar die wijsheid is veel moeilijker op te brengen wanneer de natuur opeens jouzelf overkomt.

Zelfs als we anderen wél helpen, zit daar volgens veel onderzoekers toch een persoonlijk voordeel aan vast. Je kunt mensen helpen om een goeie indruk te maken, omdat ze later misschien iets terug doen, om je reputatie of je eigen ego op te krikken. Ik word zelf altijd wat wantrouwig als docenten, coaches of goeroes zeggen dat ze het leven van anderen willen verbeteren. Ik denk dat ze het stiekem ook wel zelfverheffend vinden dat zij anderen de weg wijzen. Hulp bieden kan ook een lekker gevoel geven als je ziet hoe iemand beter wordt van jouw hulp. Zelfs dat wordt beschouwd als een egoïstisch motief, genaamd *empathic joy*: het plezier dat je voelt door iemand anders een plezier te doen.

p. 48
p. 60
p. 51

Er zijn ook onderzoekers die wel geloven in echt altruïsme – volledig belangeloze hulp. Zij hebben aangetoond dat mensen (andere dieren overigens ook) soms óók hulp bieden als ze geen enkele mogelijkheid hebben het resultaat te zien – dus geen empathische vreugde beleven, omdat het effect van hun hulp onbekend blijft. Ook bieden mensen soms hulp als ze gelegenheid hebben zich af te sluiten van iemands leed en er dus geen last van hoeven te hebben. Dat ze dan toch helpen, betekent dat echte betrokkenheid en altruïsme wel bestaan. Het komt alleen minder vaak voor dan we denken: je afsluiten onder het motto 'Daar kan ik niet tegen!' of 'Daar ben ik te gevoelig voor' is juist een manier om je eigen comfort te beschermen. Het kan heel altruïstisch zijn in zulke gevallen de gevoeligerd een schop onder de kont te geven: huppekee, als je er niet tegen kunt, doe er dan iets aan.

18 Coaching

Een kwart van de Nederlandse werkenden heeft een coach; directeuren en topmanagers zelfs rond de 40 procent, zo bleek in 2008 uit een inventarisatie van Carp. Een coach kostte tussen de 100 en 250 euro per uur en de geschatte omzet in Nederland was 50 à 100 miljoen euro.

Vanuit de wetenschap is helaas moeilijk te zeggen of dat een zinvolle besteding van geld en tijd is: degelijk onderzoek naar de effecten van coaching is zeldzaam, en de variatie is zo groot dat er ook geen beginnen aan is. Er zijn coaches voor relaties, loopbaan, leren, zingeving, winst, stress, *life*, *life-work-balance*, starters, moeders, er zijn wandelcoaches en engelencoaches. De ene coach is een natuurtalent, de andere een prutser. De een werkt *evidence-based*, de ander doet dingen waar wetenschappers van huiveren, zoals aura's lezen, chakra's helen of mensen naar vorige levens brengen. Praten met de buurvrouw kan even effectief zijn, en niets doen trouwens ook, want uiteindelijk verandert alles vanzelf: als je klem zit en je gaat gewoon door met leven, dan gaat het meestal ook wel over. Het rendement van coaching wordt nog verder vertroebeld door het placebo-effect: het pure feit dat je iets doet en er energie in steekt, leidt ook al tot verbetering. Hoe duurder de coach, hoe sterker dit effect. In die zin is het een voordeel dat coaches duurder zijn dan psychotherapeuten, die slechts zo'n 80 euro per uur kosten en vaak zelfs vergoed worden door de aanvullende verzekering. Als je dan ook nog bedenkt dat therapeuten vaak psychologen zijn, dus een erkende opleiding hebben, terwijl jan en alleman zich coach mag noemen, is de populariteit van coaching merkwaardig. Misschien klinkt het gewoon beter: heb je een therapeut, dan ben je een sneu geval, maar heb je een coach dan ben je Iemand. Nog mooier is een *executive* coach; die zijn ook nog eens heel duur. Vanuit de coach bekeken is dit een lucratieve tak van sport, want je kunt exorbitante uurtarieven vragen (hoe duurder, hoe meer je jezelf neerzet als supercoach, voor alleen de allerhoogste bazen), en verder hoef je niet veel te doen. Want *executives* willen toch vooral een beetje voor zich uit praten, mopperen op collega's in de *boardroom*, en mijmeren over hun nieuwe maîtresse; dat zijn de onderwerpen die ze met hun coach bespreken omdat het met de mede-*executives* niet kan. Maar moeten ze echt iets belangrijks doen, dan sparren ze met een collega-*big-shot*; dan hebben ze niks aan zo'n eenpitter met een cursus NLP op zak die nog nooit een bedrijf van binnen heeft gezien.

Coaching vraagt *fingerspitzengefühl*, dus het is niet gezegd dat je met een wetenschappelijke opleiding een betere coach bent. Maar de gedachte dat je op grond van levenservaring p. 157 iets te bieden hebt, schreeuwt om zelfrelativering. Ik heb nogal eens startende coaches op adviesgesprek gehad die zeiden: 'Ik ben door een crisis gegaan, toen heb ik zelf coaching gehad en ontdekt dat het mijn passie p. 92 is om anderen te helpen.' p. 58 Ik word altijd wantrouwend als mensen tijdens een coachingstraject ontdekken dat coaching hun ware roeping is. Dat kán gewoon niet kloppen: nooit ontdekken ze eens een andere roeping; marketeer, paardenfluisteraar of reisleider. En nooit zeggen ze (wat nou echt van levenswijsheid zou getuigen): 'Ach, laat anderen maar gewoon leren van het leven, in hun eigen tempo, op hun eigen manier.'

Ik verdenk deze mensen ervan dat ze onbewust hun ego p. 71 wat willen oppeppen. In de rol van coach ben je degene die snapt hoe het leven in elkaar zit, je hebt kennis en ervaring over dingen die ons allemaal aangaan. Cliënten geven je royaal erkenning voor die wijze rol; ze willen immers geen coach die zelf ook maar wat aanmoddert net als wij allemaal. Zo bezien doen die klanten goed werk voor je ego; maar wie coacht er nou eigenlijk wie?

19 Spannend of veilig?

Veel stellen zijn niet daverend enthousiast over hun seksleven. Vrouwen betreuren dat de romantiek verdwenen is; mannen klagen over de frequentie. Beiden missen de hartstocht van het begin.

Je zou denken: als je dat allebei graag wilt, dan dóe je daar toch wat aan? Maar zo eenvoudig is het niet. Dat heeft te maken met het eeuwige dilemma tussen spannend en veilig. Als je elkaar net kent, is het spannend. Je tobt of de ander je wel leuk vindt, wat je aandoet, wat je zult koken, wanneer je elkaar weer ziet. En bij de seks vliegen de vonken ervan af.

Maar die onzekerheid is slopend, dus je gaat van alles doen om die te verminderen. Intieme gesprekken voeren, zodat je beter weet wat je aan elkaar hebt. Je toiletspullen bij de ander leggen, zodat je daar je plekje krijgt. Met Kerstmis mee naar de schoonfamilie, zodat het officieel wordt. Elkaar trouw beloven. Alles waardoor je je veiliger voelt. Je vergeet dat die zekerheid de knallende seks om zeep helpt.

Volgens de driehoekstheorie van liefde bestaat liefde uit drie p. 23 componenten: passie, intimiteit en binding (*commitment*). In een beginnende relatie is er veel passie (dus veel seks) en nog geen binding. Dit heet romantische liefde. Al pratend en vrijend leren de partners elkaar steeds beter kennen, waardoor de intimiteit steeds verder toeneemt. Maar, en nu komt het: vanaf het moment dat de intimiteit niet meer verder stijgt – je kent elkaar door en door; intiemer dan dit kun je niet meer worden – gaat de passie afnemen. De binding neemt nog wel toe. Wat je dan overhoudt – intimiteit en binding zonder passie – heet kameraadschappelijke liefde.

We nemen vaak aan dat meer intimiteit bij vrouwen leidt tot meer zin in seks. Maar het leidt juist tot mínder zin. Bij mannen komt het allemaal niet zo nauw kijken, want door hun hogere testosteronp. 125spiegel is hun seksdrive hoger. Een man hoeft zich ook niet romantisch of hartstochtelijk te voelen om zin te hebben. Bij vrouwen ligt het gevoeliger. Hun seksdrive hangt van allerlei factoren af – stemming, cyclus, kinderen, zorgen, hoe verliefd ze is, hoe leuk manlief doet. Is er ruzie, dan heeft ze geen zin. Maar is de relatie veilig en de man veroverd, dan ook niet.

In stabiele heteroseksuele relaties is de seksfrequentie bijna onvermijdelijk een compromis p. 43, 105 tussen wat de man wil en wat de vrouw wil. Niet voor niets hebben mannen in homo-relaties de meeste seks met elkaar en vrouwen in lesbische relaties de minste. Zij hebben het in feite beter voor elkaar, door een relatie te hebben met iemand die hormonaal hetzelfde in elkaar zit.

In hetero-relaties is de seks vooral zinderend zolang de boel niet in kannen en kruiken is. Daarna haakt de vrouw in lustmatige zin af. Wil je als man de fut erin houden, dan moet je zorgen dat je niet te hebben bent, vermoed ik: zolang een vrouw een man nog moet veroveren, heeft ze vanzelf een hoop zin. Het valt dus te vrezen dat moeilijke mannen meer seks krijgen. Niet eerlijk! Mannen die duidelijk kiezen voor een vrouw, geborgenheid en veiligheid bieden, zullen juist meer water bij de wijn moeten doen. Sneu eigenlijk. Terwijl vrouwlief 's avonds in bed naar Oprah kijkt en zichzelf wijsmaakt dat een man best heel goed zonder seks kan, zit manlief te surfen op pornosites en te fantaseren wat hij zou doen als hij durfde...

Daar zit je dan, met je veilige relatie. Het is alsof onze biologie het zo geregeld heeft: mateloze lust om de binding tot stand te brengen p. 120, en daarna hoeft het niet meer. Romantische weekendjes weg, massages, kamasutra – als de spanning eraf is, zijn dit lapmiddelen die hooguit tijdelijk helpen.

Het ironische is: met al onze technologie en al onze keuzevrijheid is het ons niet gelukt onze eigen instincten te regelen. p. 88, 141 Totdat we dat kunnen, moeten we accepteren dat je niet alles kunt hebben. Het is veilig óf spannend – en is het eigenlijk niet heerlijk als je in elk geval een van beide hebt en daarvan kunt genieten?

Gevoeligheden 20

Als kind vroeg ik soms aan het eind van de middag: ‘Hoe laat gaan we eten?’ Hoewel het gewoon een informatieve vraag was, reageerde mijn moeder dan vaak geïrriteerd: ‘Loop me toch niet zo op te jutten!’ Ze had het druk en voelde zich opgejaagd. Daardoor interpreteerde ze mijn vraag als: ‘Schiet eens op met dat eten.’ Het opjutten zat in haar eigen hoofd, en ze nam het waar alsof het in mijn gedrag zat.

Wat je ziet, ben je zelf. We nemen onze omgeving waar door de bril van onze eigen gevoeligheden. Precies dezelfde situatie kan daardoor heel verschillende reacties oproepen bij verschillende mensen. Als je iets zit te vertellen en je toehoorder begint te gapen, kun je beledigd zijn (‘Onbeleefd zeg!’), onzeker worden (‘Oh jee mijn verhaal is niet interessant! Ik moet het leuker maken!’), bezorgd (‘Heeft hij niet goed geslapen? Mankeert hij iets?’) of vijandig (‘Wil hij mij soms laten voelen dat mijn verhaal saai is!’). Dat laatste zou bijvoorbeeld Louis van Gaal doen. Hij interpreteert reacties van anderen snel als een aanval. Zijn gedrag zou een adequate reactie zijn op iemand die probeert hem te pakken of te slim af te wezen. In zijn optiek is zijn gedrag volkomen adequaat, terwijl hij in de ogen van anderen wel erg snel aangebrand is. p. 166

Dit illustreert iets wat we vaak vergeten in de omgang met de medemens. Mensen geven altijd een – in hun ogen – volstrekt normale, redelijke, zinnige reactie op hoe zij de situatie waarnemen. Niemand denkt ooit: ‘Laat ik nu eens lekker aangebrand en opgefokt doen’ of ‘Wat is het toch fijn om steeds aan mezelf te twijfelen.’ Mensen reageren op wat zij waarnemen. Dat die waarneming wordt gekleurd door hun eigen gevoelige snaren, dat hebben ze helemaal niet in de gaten. Het kenmerk van een gevoelige snaar is dat hij mee-resoneert met alles wat er gebeurt, te pas en vooral te onpas, en zonder dat je het zelf merkt. Het lijkt alsof je iets waarneemt wat echt daarbuiten aanwezig is. Je beseft niet dat het in je eigen hoofd gebeurt.

Dat komt doordat we goed geoefend zijn in het interpreteren van gebeurtenissen binnen ons eigen raamwerk. Voel je je snel aangevallen, dan ben je geoefend in het vertalen van allerlei on-
p. 152
schuldige opmerkingen als 'aanval'. Ben je onzeker, dan zie je overal aanwijzingen dat je tekort schiet. Doordat je deze vertaalslag al zo
p. 28
vaak gemaakt hebt, gaat het helemaal vanzelf en automatisch. En iets wat je automatisch doet, daarvan besef je niet dát je het doet.

Mensen verschillen in waar hun gevoelige plek ligt en je zou zelfs kunnen stellen dat dit voor een belangrijk deel hun persoonlijkheid bepaalt. Iemand die we 'agressief' noemen, interpreteert gedrag van anderen snel als provocerend en reageert overeenkomstig. Iemand die we 'gezellig' en 'spontaan' noemen, ziet de onbekenden op een receptie als welwillend en in voor een praatje, terwijl een 'verlegen' of 'stugge' persoon op dezelfde receptie verstijft, omdat hij precies diezelfde onbekenden ziet als mensen waar hij niet bij hoort of die hem beoordelen.

Wil je het gedrag van anderen begrijpen, dan moet je dus weten wat hun gevoelige plek is en door welke bril ze naar de wereld kijken. Je ziet dan dat hun gedrag een volkomen redelijke reactie is op hoe zij de situatie inschatten. Maar vergeet vooral niet te bedenken dat je zelf ook reageert vanuit je persoonlijke interpretatie-scenario's. Je bent zo gewend door die bril te kijken, dat je niet beseft dat je hem op hebt. Het is ook veel makkelijker om aan te nemen dat je zelf de dingen ziet zoals ze echt zíjn.

Toch is er veel te winnen bij het herkennen van je eigen gevoelige snaren. Het is vaak een moment waarop je je ook bewust wordt van je diepste verlangens die erachter zitten. En het is een grote sprong op weg naar wijsheid, omdat het je doet beseffen dat we allemaal vanuit een wat gekreukelde optiek naar de wereld kijken. Dat we allemaal stuntelend proberen zo goed mogelijk te reageren op de situatie die zich aandient binnen ons eigen beperkte blikveld.

21 Meeloper of dwarsligger

Stel je voor dat je meedoet aan een waarnemingsonderzoek. Je zit in een zaaltje met nog zes deelnemers. De onderzoeker laat dia's zien van verschillende lijnstukken. De deelnemers moeten om beurten aangeven welke twee lijnstukken dezelfde lengte hebben. Je kijkt even en je ziet dat het antwoord nogal duidelijk is.

Welke lijn is even lang als A?

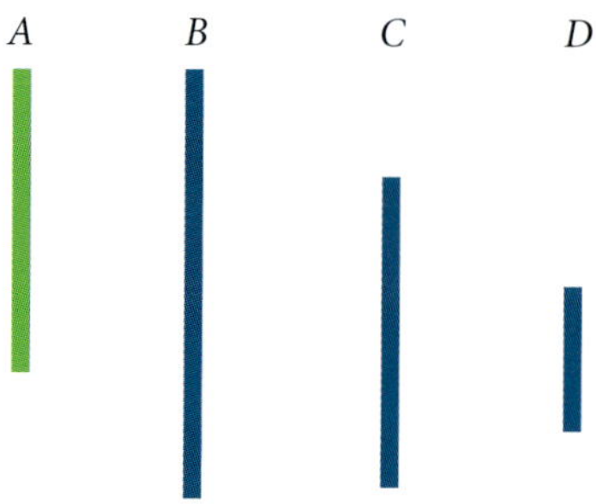

De onderzoeker vraagt van links naar rechts het antwoord aan alle deelnemers. Jij bent steeds als een-na-laatste aan de beurt. Na een paar rondes met verschillende lijnstukken blijkt dat jullie antwoorden heel eensluidend zijn. Maar op zeker moment hoor je tot je verbijstering dat de vier deelnemers vóór jou een verkeerd antwoord geven. Je krabt je eens achter de oren en kijkt nog eens naar de lijnstukken op de dia. Je ziet het toch echt goed. Hop, deelnemer vijf is aan de beurt en geeft hetzelfde antwoord als de vorige vier. Het verkeerde antwoord! Nu kijkt de onderzoeker jou aan, jij bent aan de beurt. Wat ga je nu zeggen? Ga je zeggen wat je ziet, of ga je hetzelfde antwoord geven als de anderen?

Wanneer je mensen daadwerkelijk in deze situatie brengt – zoals psycholoog Solomon Asch deed in de jaren vijftig, gebruikmakend van zes medeplichtigen die deden alsof ze mededeelnemers waren – blijkt dat slechts 25 procent van de deelnemers bij zijn eigen oordeel blijft. Driekwart ging minimaal één keer mee met de anderen, terwijl ze toch met hun eigen ogen zagen dat die het verkeerde antwoord gaven. Dat bleek uit een vervolgstudie: mochten ze hun antwoord anoniem op een briefje schrijven, dan schreven ze het goede antwoord op.

De beoordelingstaak in dit onderzoek was zo eenduidig dat er geen twijfel was over het goede antwoord. Mensen gingen mee met de groep omdat ze bang waren dat ze anders 'raar' gevonden werden. Deze vorm van beïnvloeding komt nog altijd vaak voor: mensen willen niet graag het buitenbeentje zijn, daarom passen ze hun gedrag aan de groepsnorm aan. Zelfs als ze het eigenlijk flauwekul vinden. Er zijn natuurlijk ook altijd mensen die zich juist niet aanpassen en tegen de stroom in gaan, omdat ze hun autonomie hoog in het vaandel dragen. Maar die mensen worden juist graag door anderen bewonderd om hun onafhankelijkheid, en zijn dus eigenlijk zogenaamd zo autonoom om hun eigenheid te demonstreren en waardering van anderen te oogsten. Dan ben je net zo onvrij als degene die zich voortdurend aanpast. Als je tegen de stroom in gaat, ben je immers nog steeds reactief. Zegt de groep A, dan zeg jij B, maar als de groep B gaat zeggen, moet jij weer A zeggen. Lekker autonoom.

p. 34, 194

p. 136

Mensen passen zich niet alleen aan uit angst om afwijkend te zijn, ze letten ook op de mening van anderen om erachter te komen wat ze er zelf van denken. Bij de lijnstukken van Asch was de beoordelingstaak heel duidelijk, maar als het gaat om politiek, muziek, mode, beslissingen, keuzes, plannen, dan is er meestal geen 'goed' of 'fout' antwoord. Juist in zulke onduidelijke situaties letten mensen op anderen. Ongemerkt beïnvloeden ze elkaar en

groeien hun meningen naar elkaar toe. Mensen ervaren zelfs een
p. 111 au!-gevoel als hun mening afwijkend blijkt te zijn. In een onderzoek* bleek dat de hersenen een 'foutmelding' kregen wanneer men erachter kwam dat de meerderheid een andere mening had, terwijl het beloningscentrum juist minder activiteit liet zien. Het hebben van een afwijkende mening wordt dus ervaren als een 'oeps' – als de onaangename zoemer in een quiz, die afgaat zodra je het foute antwoord geeft. Dat motiveert mensen hun mening aan te passen aan de meerderheid.

In westerse landen vinden we onszelf erg onafhankelijk, maar dat blijkt nogal tegen te vallen. Allerlei dingen die we doen en vinden op basis van onze vermeende individuele voorkeuren – onze ambities, keuzes voor muziek, kleding, onze meningen en waarden, de verhouding werk–vrije tijd – zijn in feite sterk beïnvloed door de groepen waar we in verkeren. Dat biedt perspectieven als je het gedrag van anderen wilt beïnvloeden. Uitgevers weten dat wanneer ze 'Al meer dan 50.000 exemplaren verkocht!' op de cover zetten (vertaling naar het schapenbrein: 'Als zoveel mensen het kopen, zou jij dat ook moeten doen'). Wanneer je in een groep of een organisatie een idee kunt creëren over wat 'men' vindt, wat de norm is, wat gangbaar is, heb je een krachtiger beïnvloedingswapen in handen dan veel van ons lief is.

---

* Klucharev, V., Hytonen, K., Rijpkema, M., Smidts, A. & Fernandez, G. (2009). Reinforcement learning signal predicts social conformity. *Neuron, 61(1)*, 140–151.

Niet boos maar teleurgesteld

22

We hebben het allemaal weleens gehoord van ouders, geliefden of collega's: 'Ik ben niet boos maar teleurgesteld.' Wat ooit begon als verantwoord pedagogisch advies, is veelal verworden tot een sluwe manier om een ander te laten doen wat jij wilt. Immers, als iemand teleurgesteld in je is, dan voel je je schuldig of je schaamt je, en wil je het goedmaken.

Het blijkt* dat dit ook zo werkt als je in een groep of samenwerkingsrelatie je medespelers coöperatiever wilt maken. Stel je voor dat je aan een spel meedoet waarbij je een aantal munten krijgt. Iemand anders die meedoet heeft ook munten. Elke munt is 1 euro waard, maar als je jouw munt aan de ander geeft wordt hij 2 euro waard. Als de ander jou ook zijn munten geeft, worden jullie er allebei beter van. Omdat samenwerking loont, is dit voor onderzoekers een manier om sociaal gedrag te bestuderen. In het gewone leven gaat het natuurlijk niet helemaal zo, maar er zijn genoeg situaties waarin coöperatief, sociaal gedrag iedereen voordeel oplevert – áls iedereen meedoet.

p. 110

p. 133

Als de deelnemers aan het onderzoek hun muntjes zelf hielden, kregen ze telkens te horen dat de tegenspeler ofwel boos ofwel teleurgesteld was. Het uiten van teleurstelling bleek hen tot een meer coöperatieve opstelling te bewegen dan het uiten van boosheid (dat wekte alleen maar irritatie) of geen emotie.

Uit vervolgonderzoek bleek dat de emoties boosheid versus teleurstelling impliciet informatie geven over hoe je tegen de ander

* Wubben, M.J.J. (2010). *Social functions of emotions in social dilemmas.* Academisch proefschrift, Erasmus Universiteit.

aankijkt. Je voelt teleurstelling als je een positieve verwachting had die niet uitkomt. Die emotie geeft dus aan dat je meer verwachtte van de ander. Boosheid voel je eerder als iemand je al vaker iets heeft geflikt. Dan is de maat vol en zet boosheid je aan tot een krachtige reactie. Bij een verhaaltje over een werknemer die zijn collega's niet hielp, bleken de lezers inderdaad aan te nemen dat de werknemer dit al vaker had gedaan wanneer de collega's boos waren; waren ze teleurgesteld, dan nam men eerder aan dat dit de eerste keer was.

Dit betekent dat je met emoties niet alleen de ander – het doelwit van je emotie – kunt beïnvloeden, maar ook derden. Uit emoties leiden medegroepsleden immers af wat er aan de hand is, wat vooraf is gegaan en ook hoe het waarschijnlijk verder zal gaan. Wordt iemand boos in een groep, dan voelt ie zich waarschijnlijk 'verneukt' door een ander (hij heeft bijvoorbeeld geïnvesteerd ten behoeve van die ander en niks teruggekregen) en heeft ie geen zin meer om nog z'n best te doen voor het groepsresultaat. Vooral als de bozerd iemand is die men nodig heeft om een goed resultaat te halen, zien mensen het dan somber in. Ze snappen dat iemand die boos is, zich niet opeens sociaal gaat opstellen en dat aldus een impasse ontstaat.

Op deze manier werken emoties als sociale hints. Dit betekent dat je emoties strategisch kunt inzetten om bepaalde effecten
p. 154 te bewerkstelligen. We zijn geneigd emoties te zien als echt en
p. 115 authentiek, maar niets is minder waar. Mensen merken al doende
p. 67 dat ze met bepaalde emoties succes hebben. Als je macht hebt, krijg je anderen eronder door boos te worden. Ben je machteloos, dan beïnvloed je anderen door zielig te doen en op hun schuldgevoel in te spelen. Omdat dit werkt, gaan zulke emoties zichzelf
p. 168 versterken. De enige die dat kan doorbreken is de tegenspeler. Doe eens lekker waar je zelf zin in hebt als een ander 'teleurgesteld' is, en wees fijn opbouwend en coöperatief als een ander zich kwaad maakt. Daarmee doorbreek je afgezaagde emo-scenario's en wordt het proces weer creatief en spannend!

Niet de slimste, wel de beste

23

Bokser Mohammed Ali noemde zijn autobiografie: *The greatest: My own story*. Jezelf de beste noemen; dat is natuurlijk vragen om moeilijkheden. Korte tijd later werd hem dan ook gevraagd hoe het kwam dat hij was gezakt voor de mentale test van het Amerikaanse leger. Zijn antwoord was: *'I only said I was the greatest, not the smartest.'*

Op basis van deze uitspraak werd een psychologisch verschijnsel naar hem genoemd, het Mohammed Ali-effect*: we vinden onszelf beter dan anderen, maar voor intelligentie is dat effect niet zo sterk als voor moraliteit: we vinden onszelf véél moreler (eerlijker, betrouwbaarder, socialer, authentieker) dan anderen en slechts een beetje intelligenter.

p. 51, 116

Het is makkelijker jezelf wijs te maken dat je moreel bent dan dat je slim bent. Je kunt zo moreel doen als je zelf wilt, maar niet zo slim als je wilt: je gedragsmogelijkheden op dit vlak worden begrensd door je cognitieve vermogens. Op het morele vlak hebben we dus meer het idee van controle: je bent zo moreel als je wilt. Een tweede verschil is dat domheid of andere onkunde meer openlijk tot uiting komt dan immoraliteit, dus je wordt er eerder op betrapt. Je talenten zijn beter verifieerbaar dan je goede bedoelingen, dus er is op dit vlak minder ruimte voor zelfverheerlijking. En ten derde kun je niet alleen anderen misleiden over je morele gedrag, maar ook jezelf.

p. 92

* Van Lange, P.A.M. & Sedikides, C. (1998). Being more honest but not necessarily more intelligent than others: Generality and explanations for The Muhammad Ali effect. *European Journal of Social Psychology, 28*, 675–680.

Een manier om dit te doen heet *moral disengagement*: jezelf p. 148 overtuigen dat een twijfelachtige gedraging toch moreel gerechtvaardigd is. Bijvoorbeeld door te zeggen dat het gedrag een moreel doel dient (het doel heiligt de middelen), door de gevolgen te bagatelliseren of eventuele gedupeerden te devalueren. Als je bijvoorbeeld kantoorartikelen van je werk mee naar huis neemt, kun je tegen jezelf zeggen dat je die nodig hebt voor je ontzettend nuttige, de samenleving dienende verenigingswerk, of dat niemand er last van heeft, of dat de directie van je organisatie bestaat uit zichzelf verrijkende hufters die het verdienen dat ze bestolen worden. Op deze wijze kunnen heel wat werknemers zichzelf moreler vinden dan anderen terwijl ze ondertussen tijdklokken misleiden, p. 183 p. 186 ideeën plagiëren, hun cv's oppompen en in kantoortijd gezellig op internet shoppen en chatten.

Onderzoek aan de Harvard Business School** laat zien hoe dit proces werkt en wat je eraan zou kunnen doen. Deelnemers (studenten) werden in de verleiding gebracht te jokken over hun prestaties bij een taak om meer te verdienen. Vervolgens werd gekeken of ze instemden met uitspraken die op *moral disengagement* wijzen, zoals 'Soms is het belangrijker om voorop te lopen dan om je aan de regels te houden' en 'Een beetje bedrog is acceptabel als niemand eronder lijdt'. Het bleek dat het frauduleus opvijzelen van de eigen prestaties meer instemming met deze uitspraken tot gevolg had – kennelijk om achteraf het eigen gedrag te rechtvaardigen. Het verraderlijke hiervan is dat het je op een hellend vlak brengt: na de normoverschrijding bedenk je waarom het niet zo erg was, waardoor de drempel om opnieuw over de schreef te gaan steeds lager wordt. Voor je het weet zit je in de baas z'n tijd bij te beunen en vind je jezelf nog altijd een toonbeeld van moraliteit.

** Shu, L.L., Gino, F. & Bazerman, M.H. (2011). Dishonest deed, clear conscience: When cheating leads to moral disengagement and motivated forgetting. *Personality & Social Psychology Bulletin, 37*, 330–349.

Is dit op te lossen? In een van de Harvard-onderzoeken lazen de deelnemende studenten vooraf een *honor code* over normen en verantwoordelijkheden voor studenten en docenten. Het vooraf lezen en expliciet onderschrijven van deze regels bleek het immorele gedrag niet geheel tegen te gaan, maar wel sterk te reduceren. Dit betekent dat het zinvol kan zijn als een organisatie ethische richtlijnen expliciet maakt en laat ondertekenen. Helaas bleek uit het onderzoek ook dat liegende deelnemers zich na afloop minder konden herinneren van de *honor code*. Geheel in lijn met hun zelfrechtvaardiging waren ze de details gemakshalve vergeten. Om *the greatest* te kunnen zijn, komt een zekere vorm van domheid kennelijk goed van pas.

Liegen 24

Eerlijkheid en oprechtheid staan steevast op onze *shortlist* van belangrijkste waarden. Maar hoe weet je of iemand oneerlijk is? Waar zie je dat aan? Aan iemands ogen, zeggen mensen vaak. Aan mimiek en gezichtsuitdrukking. Of aan onrustige bewegingen, of gehakkel in het verhaal, menen ze. p. 113

Maar de harde waarheid is dat mensen ronduit slecht zijn in het onderscheiden van waarheid en bedrog. Ook mensen die menen dat ze dwars door anderen heen kijken. Ook politiemensen, douanebeambten, rechters, psychologen en anderen die beroepshalve gespitst moeten zijn op tekenen van misleiding. En ook het legertje deskundigen dat door de media steevast wordt opgetrommeld als een bekend politicus verdacht wordt van leugenarij. Bijvoorbeeld voormalig president Bill Clinton tijdens de Lewinski *(I did not have sex with that woman)*-affaire. In de hele wereld werden de opnames van zijn uitspraken uitentreuren geanalyseerd. Niemand wist het. Experts die claimen dat ze bedrog herkennen aan micro-gezichtsexpressies (bijvoorbeeld een wenkbrauw die een fractie van een seconde omhoog gaat) besloten geen uitspraken te doen over een zittende president omdat ze zich niet met politiek bemoeien.

Naar schatting 82 procent van de leugens komt niet aan het licht. Proefpersonen die in onderzoek moeten aangeven of iemand liegt dan wel de waarheid spreekt – en er dus al op bedacht zijn dat er mogelijk gelogen wordt – hebben het ongeveer 55 procent van de keren goed. Dat is maar vijf procent meer dan wanneer ze volledig blind zouden gokken. In het gewone leven ben je er niet eens op bedacht en heerst een hardnekkige *truthfulness bias*: de neiging om klakkeloos aan te nemen dat wat anderen zeggen, waar is. Het p. 171 is bovendien ongepast alles in twijfel te trekken.

Vaak wíllen we de waarheid ook helemaal niet weten. Denk eens aan de keren in het afgelopen jaar dat je geen zin had in een feestje of bezoekje en afzegde met een smoes; te druk, iets tussen gekomen, ziek-zwak-misselijk. Denk nu eens aan je eigen laatste feestje: wie er niet kwamen en waarom. Kan het zijn dat die mensen gewoon geen zin hadden, net als jij wanneer je afzegt?

Als we gewoon zeggen 'Ik heb geen zin in jouw feestje', gaan de radertjes van het sociale verkeer haperen. Leugens zijn vaak de smeerolie in het sociale verkeer. Probeer maar eens bij wijze van experiment de hele dag alleen de waarheid te vertellen; het zal je niet meevallen. Als je hier een gewoonte van maakt, loop je zelfs kans dat je als contactgestoord of minimaal sociaal onvaardig wordt gezien. Mensen die we als prettig in de omgang ervaren, liegen vaker. Kinderen leren het al jong ('En wat zeg je dan?' – als je het eten vies vindt, als je een suf cadeau krijgt, als een enge tante je wil zoenen) en naarmate we ouder worden, worden we er steeds beter in.

Ook mensen die zelf menen dat ze slecht liegen, worden niet ontmaskerd. De enige omstandigheid waarin leugenaars íets doorzichtiger worden, is als het belang van de leugen erg groot is – bijvoorbeeld als hun huwelijk (overspel) of hun baan (fraude) op het spel staat. Door de spanning houdt de leugenaar zichzelf dan minder goed in bedwang. Maar in zulke omstandigheden kun je ook met de waarheid leugenachtig overkomen. Denk maar aan die keren dat je als kind verhoord bent over iets wat je niet had gedaan; daar kon je toch knap zenuwachtig van worden.

Mensen zijn zo slecht in leugendetectie doordat ze op de verkeerde p. 156 lichaamstaal letten. Ze letten bijvoorbeeld op het gezicht, terwijl leugenaars hun gezichtsmimiek juist heel goed onder controle hebben. Kijken proefpersonen naar een video waarop het gezicht is afgeplakt, dan gaan ze juist beter scoren. In weerwil van levenswijsheden van tantes en oma's zie je het dus echt niet aan de ogen. Je ziet het ook niet aan drukke bewegingen, want leugenaars zijn juist geneigd hun lichaam wat strakker te houden om mogelijke onrust te verbergen. Wel kunnen kleine bewegingen van handen en voeten onthullend zijn: de spanning die de leugenaar onderdrukt, lijkt weg te lekken aan de 'uiteinden' (waar we het minst op letten). Maar bij een doorgewinterde leugenaar merk je daar niks van, die voelt helemaal geen spanning.

Of iemand liegt weet je ook niet door tegenstrijdigheden of geharrewar in het verhaal, want juist ware verhalen bevatten vaak veel rommel en ruis, terwijl een leugenaar een coherent logisch geheel smeedt. In het algemeen zul je leugens eerder opmerken via de stem dan via visuele signalen. Liegen door de telefoon lijkt veiliger dan *face-to-face*, maar is het juist niet.

Dat we slecht zijn in het herkennen van bedrog, betekent dat we waarschijnlijk allemaal meermalen per dag bedonderd worden. Want we liegen met z'n allen wat af. We liegen in een kwart van de gesprekken die langer dan 10 minuten duren en tegen een derde van de mensen die we in een week spreken. Op de werkvloer vertelt 80 procent van de werknemers minimaal één leugen per dag. De meeste leugens dienen het eigenbelang, bijvoorbeeld luiheid en fouten verdoezelen ('Wat gek, die brief heb ik nooit gekregen', 'Toevallig dat u belt, ik ben er net mee bezig!') of producten en prestaties opvijzelen. Een kwart van de leugens (bij vrouwen meer) wordt verteld ten behoeve van de ander, bijvoorbeeld bij het geven van feedback ('Goed werk', 'Wat een origineel idee'). In zulke gevallen is het misschien maar goed dat we zo goedgelovig zijn.

Uit de aard der zaak zijn de schattingen van aantallen leugens gebaseerd op zelfrapportage, dus waarschijnlijk is nog sprake van een fikse onderschatting, vooral bij leugens uit eigenbelang. We geloven immers niet alleen de leugens van anderen, maar ook die van onszelf.

p. 51, 24

25 Alle varkens over één kam

p. 180, 133

Ik was bij een rechtszitting. Wij van Wakker Dier (tegen de vee-industrie) hadden de pluimveehouders aangeklaagd, omdat zij ons een criminele organisatie hadden genoemd. Als dat waar was, zouden al onze donateurs strafbaar zijn! De rechter gaf ons gelukkig gelijk: Wakker Dier doet niks strafbaars. De pluimveehouders moesten de beschuldiging rectificeren.

Wat een gedoe om niks, zou je denken. Maar in de rechtszaal merkte ik dat sommige pluimveehouders echt bang zijn dat wij hen persoonlijk willen schaden. Er werd gezinspeeld op de moord op Pim Fortuijn en op dierenbevrijders. Alle dierenbeschermers werden gezien als één grote boevenbende. Dat wij daar zaten in onze keurigste outfits, deed daar niets aan af: ze waren ervan overtuigd dat wij strategisch onze meer onfrisse medestanders thuis hadden gelaten.

Misschien waren de pluimveehouders ten prooi aan de typisch menselijke neiging om de *outgroup* ('zij') te zien als meer homogeen dan de *ingroup* ('wij'). Volkert van der G., Dierenbevrijdingsfront, Wakker Dier: één pot nat. Tijdens de zitting kon ik zelf ook niet helpen dat ik dacht: 'Die boeren, met hun Achterhoekse, Twentse of wat-het-ook-is-dialecten, zijn te dom om te snappen dat er allerlei soorten dierenbeschermers zijn.' Maar dan maak ik natuurlijk dezelfde fout. Er zijn vast grote verschillen tussen Twents en Achterhoeks. Er zijn vast ook slimme veehouders, en veehouders die het dolgraag anders willen, maar niet kúnnen omdat de consument nu eenmaal goedkoop vlees en goedkope eieren wil.

p. 108

Dit *outgroup*-homogeniteitseffect is heel algemeen. Het speelt tussen landen ('Alle Chinezen lijken op elkaar'), tussen afdelingen binnen bedrijven, beroepsgroepen, politieke gezindten en zelfs tussen de seksen. Het doet zich ook voor op individueel niveau: we vinden van onszelf dat we allerlei verschillende kanten hebben – soms serieus, soms lollig; soms open, soms verlegen – terwijl we de persoonlijkheid van andere mensen als 'platter' en een-dimensionaler zien. p. 31

Zelfs op het macro-niveau van de soorten treedt het effect op. De Australische filosoof Peter Singer heeft het in dit verband over speciesisme: discriminatie op grond van soort. Welbeschouwd is dat even kwalijk als racisme of seksisme. Varkens bijvoorbeeld, zien wij als vieze domme beesten of als karbonades. We laten ze leven op betonnen vloeren waar ze amper kunnen bewegen, en trekken de biggen gillend bij hun moeder weg als ze nog heel klein zijn. Dat zouden we onze hond nooit aandoen. Toch zijn varkens intelligenter dan honden: ze vinden in een doolhof sneller de weg. Ze hebben 29 verschillende geluiden om verschillende gevoelens te uiten. Maar een groot deel daarvan, zoals tevreden knorren, horen wij nooit. Het varken krijgt helemaal geen kans ons zijn eigenheid te laten zien.

Dezelfde soort-discriminatie doet zich voor bij proeven die we met dieren doen om iets over mensen te leren. Bekend zijn de Harlow-apen, die bij de geboorte werden gescheiden van hun moeder en in volledige afzondering opgroeiden. Vandaag de dag mag je een aap alleen nog van de moeder scheiden als ie met soortgenootjes opgroeit. (Wij zouden het toch ook geen punt vinden als onze kinderen weliswaar zonder hun ouders opgroeien maar wel gezellig samen met andere weesjes!) Aan de universiteit in Nijmegen zijn jarenlang aapjes zonder ouders opgegroeid, nadat hun verzorger had ontdekt dat ze daardoor een fobie ontwikkelden voor een zak met houtsnippers. Interessant! Ratten zijn ook vaak de pineut. Ze moeten eindeloos in een bak water zwemmen omdat je daar depressief van wordt. Of ze krijgen op onvoorspelbare p. 104

momenten een schok. Als ze samen met een andere rat zitten, worden ze daar minder depressief van. Belangrijk, vond de onderzoeker: 'Bij depressieve mensen helpt gesprekstherapie ook tegen depressie.'* Fijn om te weten dat dat voor ratten ook geldt!

Natuurlijk leveren dierproeven ook weleens nuttige kennis op. Maar de rechtvaardiging ervan bevat een fundamentele tegenstrijdigheid. Als dierproeven informatie opleveren over de mens, betekent dit dat dieren vergelijkbaar zijn met mensen. Immers, als dieren wezenlijk anders waren, hadden de resultaten van dierproeven geen waarde voor mensen. Tegelijkertijd wordt het lijden van de dieren, veroorzaakt door de proeven, verdedigd door te stellen dat dieren niet lijden zoals mensen. Maar als dieren inderdaad zo wezenlijk anders zijn, betekent dit dat ze als model voor de mens ongeschikt zijn. Het is het een of het ander: ofwel dieren lijken niet op mensen, en dan hebben dierproeven voor de mens weinig waarde. Ofwel ze lijken genoeg op mensen om geschikt te zijn als model voor de mens, maar dan kun je niet uitsluiten dat dieren ook kunnen voelen en lijden net als mensen. Dan is er geen rechtvaardiging om dieren dingen aan te doen die we ook nooit bij mensen zouden doen.

Toegegeven, dieren kunnen ons niet verbaal meedelen dat ze lijden. Maar veel mensen (pasgeborenen bijvoorbeeld) kunnen dat ook niet, en toch zijn we bereid aan te nemen dat ze kunnen lijden. We geven onze eigen soort het voordeel van de twijfel. Wat we feitelijk weten, is dat dieren alles doen om hun leven en hun vrijheid te behouden, om pijn te vermijden en om hun natuurlijke, soorteigen gedrag te kunnen uitoefenen. Net als mensen.

De verschillen tussen mens en dier zijn veel minder absoluut dan we vaak aannemen. Als je kijkt naar overeenkomsten in genetische opmaak, zijn de verschillen tussen mens en chimpansee kleiner dan tussen hond en wolf. Mensen horen bij de familie grote

---

* http://www.intermediair.nl/artikel//41484/

mensapen waar ook de gorilla en orang-oetan (die we nu aan het uitroeien zijn) toe horen. Dat we onszelf zien als 'beter' is een puur psychologisch verschijnsel: een vorm van *ingroup*-bevoordeling en *outgroup*-homogeniteit, niet wezenlijk anders dan ooit tegenover zwarte slaven die aan een ketting zaten. Als je toen boos tegen een slavenhandelaar had gezegd: 'Hé, die zwarte mensen hebben ook gevoelens, die hebben recht op vrijheid!', dan had hij waarschijnlijk geantwoord: 'Kom op zeg, straks wil je zeker ook nog rechten gaan geven aan ápen!'

p. 31

En inderdaad... Maar ach, dat is misschien slechts een ongenuanceerde radicale geitenwollensokkerige mening van 'zo'n dierenactivist'.

p. 61

26 Beoordelaars beoordeeld

Stel je voor dat je een nieuw afdelingshoofd krijgt. Hij of zij is kritisch is over jullie werk, signaleert veel zwakke punten in een belangrijk rapport, fronst bedenkelijk als jullie je verweren, en laat zich kritisch uit over de haalbaarheid van jullie ambities. Je zult waarschijnlijk niet direct overlopen van sympathie voor je nieuwe baas, maar wat te denken van zijn of haar intelligentie en deskundigheid?

Kritische beoordelaars worden vaak minder aardig gevonden dan positieve, maar we vinden de negatievelingen wel slimmer en bekwamer. Pessimisme en kritiek klinken diepzinnig, optimisme en positivisme oppervlakkig en naïef. Nu kan een negatieve beoordeling natuurlijk echt meer deskundigheid vereisen dan een positieve. Maar in een onderzoek* is aangetoond dat negatieve beoordelaars ook worden gezien als intelligenter en deskundiger wanneer hun beoordeling aantoonbaar van dezelfde kwaliteit is als een positieve. Mensen nemen impliciet aan dat iemand die ergens negatief over oordeelt, zelf in staat is tot een betere prestatie, of op zijn minst weet hoe dit zou moeten gebeuren. Geef je dus een kritische beoordeling over het werk van een collega, dan neemt men aan dat jij snapt hoe het wel moet. Ben je kritisch over een film of een boek, dan word je gezien als een kenner. Men denkt niet gelijk dat jij zelf betere boeken of films kan maken, maar wel dat je weet waar je het over hebt. Hetzelfde wanneer je afgeeft op

---

* Amabile, T.M. (1983). Brilliant but cruel: Perceptions of negative evaluators. *Journal of Experimental Social Psychology, 19,* 146–156.

beroemde steden of sterrenrestaurants; daarmee geef je aan dat je een man of vrouw van de wereld bent die zelf kan oordelen en niet argeloos op de *buzz* afgaat.

Omdat een kritische houding deskundig overkomt, maken mensen daar gebruik van als ze indruk willen maken. Vooral mensen die in een groep onzeker zijn van hun status, of het idee hebben dat anderen intellectueler zijn, zijn geneigd zich kritisch uit te laten over het werk van anderen. Daarmee zeggen ze impliciet: 'Ik ben iemand die hierover kan oordelen' en hopen ze hun status op te krikken. p. 48

Je moet natuurlijk oppassen dat je niet overál negatief over bent, want dan word je gezien als arrogant of blasé, of minimaal als een zuurpruim of mopperpot. Sowieso worden kritische mensen niet erg aardig en vriendelijk gevonden (en al helemaal niet door degene die het object is van hun kritiek). Maar ja, een goedzak die alles leuk en mooi vindt wil je ook niet zijn. Wat een dilemma! p. 51, 143

Er is nog een andere mogelijkheid. Stel je voor dat de chef die zo kritisch begon, na verloop van tijd steeds positiever oordeelt over je werk. Dan ben je niet alleen blij dat je in staat was de evaluatie te verbeteren, je hebt ook het idee dat het positieve oordeel echt wat waard is: dit is niet iemand die zomaar 'ga zo door' en 'prima' roept om je te motiveren of die overal tevreden mee is, maar iemand die echt kritisch kijkt. Dit oordeel is waardevoller dan het oordeel van iemand die altijd al positief is. De beoordelaar die van negatief naar positief schuift, vinden we niet alleen deskundig, maar ook aardig. Twee diepgewortelde behoeftes worden in één klap bevredigd: we hebben behoefte aan waardering van anderen, maar we willen óók gezien worden zoals we echt zijn, mét onze gebreken. Een beoordelaar die kritisch begint, laat zien dat hij goed oplet. Het roept ook spanning en onzekerheid op. Als het oordeel uiteindelijk omslaat naar positief, heb je het echt voor elkaar. Iedereen gelukkig: goed voor je zelfwaardering én je waardering voor de beoordelaar. p. 71 p. 159

27 Ego en empathie

Een vriendin van mij was met haar zoon van 16 in de schouwburg. Ze zaten vooraan en zoon Milan werd aangesproken met de vraag of hij goed was met meisjes. Milan dacht ernstig na en zei: 'Ja, best wel.' Welnu, dan was hij de geknipte kandidaat om in de pauze drie meisjes zover te krijgen dat ze op het podium op een bankje kwamen zitten.

Milan kreeg een fluorescerend wegwerkersjasje aan en ging aan de slag. Hij stapte op meisjes af en legde de situatie uit: 'Kom je mee?' In *no time* had hij drie meisjes op de bank. Andere jongens keken bewonderend toe. Ze kwamen naar hem toe: 'Vind je dat niet eng?' Milan dacht even na over de vraag en zei, zonder een zweem van stoerheid: 'Nee, ik vind het niet eng.' De jongens waren diep onder de indruk. Zomaar al die meisjes aanspreken en dan ook nog zo cool zijn!

Het typische gedrag van een 16-jarige schittert in dit verhaal door afwezigheid. Bij de vraag of hij goed was met meisjes, had Milan zichzelf lacherig kunnen indekken – 'Nou, uh, valt wel mee hoor' – en bij de vraag of hij het wel durfde, had hij kunnen opscheppen dat hij dit zo vaak deed. In plaats daarvan ging hij bij zichzelf te rade en gaf naar alle eerlijkheid antwoord, alsof het een doodgewone vraag was die niet hemzelf betrof; alsof zijn ego en reputatie niet in het geding waren.

Nu moet je weten dat Milan een vorm van autisme heeft, Asperger-syndroom. Ik dacht daarbij altijd aan iemand die in sociale situaties niet goed meekomt. Toen ik een paar jaar geleden optrad in een tv-showprogramma, zaten Milan en zijn moeder in het publiek. Ik vroeg me af hoe dat zou uitpakken, omdat het publiek af en toe moest joelen en yellen; ik vreesde dat Milan hier als erkend autist het nut niet van zou inzien. Maar terwijl de meeste mensen nogal bedremmeld deden als ze moesten juichen of opstaan, gooide Milan zich er met volle overtuiging in. Enthousiast en zonder gêne deed hij wat de *floor manager* aangaf.

Deze incidenten zetten mij aan het denken. Een autist kan zich niet goed in anderen verplaatsen. Zo onhandig als dat is, geeft het ook een enorme onbevangenheid: hij vraagt zich niet af wat anderen van hem vinden; of hij in de smaak valt, of hij wel goed genoeg is en of hij wel indruk maakt. De vraag hoe hij bij anderen overkomt, houdt hem totaal niet bezig. Hij neemt hun perspectief helemaal niet in. Als hij moet joelen doet hij dat gewoon; hij gaat niet heel benauwd-Hollands op de rem staan omdat het er misschien raar uitziet. Als hem wordt gevraagd of hij goed is met meisjes, hoeft hij zichzelf niet in te dekken of stoer te doen.

p. 85 p. 97
p. 37, 48

Intelligente autisten zoals Milan leren zichzelf allerlei regels aan over hoe je met anderen omgaat, bijvoorbeeld: als iemand huilt moet je stil zijn. Maar de meeste zelfpresentatie-gewoontes van 'gewone' mensen – benepen doen als je moet juichen, iets waar je goed in bent afzwakken – zijn te subtiel en complex om in een regel te vangen. Er is een minimum aan empathie nodig om je bezig te houden met wat anderen van je vinden. Misschien helpt het daaraan te denken als je een grootsprakerige blaaskaak moet aanhoren. Zo iemand is eigenlijk heel empathisch...

WE'RE FREE!

Verleiding 28

Zelfbeheersing: we kennen het probleem allemaal. Minder eten of luieren, meer sporten of werken aan een vervelende klus, afkicken van roken, drank of onbeantwoorde liefdes, vriendelijk blijven tegen een nare baas of klant: het zijn allemaal voorbeelden waarbij we het een willen en toch vaak het ander doen. p. 141

Eigenlijk is het gek dat we als volwassen mensen – een diersoort die zoveel voor elkaar krijgt juist door gebruik van hogere hersenfuncties, en die volmaakt in staat is de lange-termijn-gevolgen van zijn keuzes te overzien – zoveel moeite hebben om domweg datgene te doen wat we wíllen. Het probleem is natuurlijk dat we tegelijkertijd ook iets anders willen – dat lekkere hapje, de kick van seks met de foute maar wel erg spannende geliefde, de opluchting van de waarheid zeggen tegen die onmogelijke opdrachtgever – en dat het genot daarvan veel sneller te bereiken valt dan onze mooie hogere doelen. Uiteindelijk blijken we toch vaak weer primitieve, kinderlijke wezens bij wie genot en gemak winnen. We hebben onveilige seks, houden ons niet aan ons dieet, slaan een sporttraining over, geven te veel geld uit, zitten eindeloos te mailen of twitteren om vervelende taken uit te stellen – met als gevolg dat we ons bezwaard voelen en, om vervolgens weer van dát vervelende gevoel af te komen, besluiten dat we het 'de volgende keer' wel 'echt' gaan doen. p. 21 p. 107

Volgens sommige filosofen (bijvoorbeeld Harry Frankfurt) is dit zelfs een kenmerk van onvrijheid: het feit dat de verschillende dingen die je wilt niet congruent zijn met elkaar, maakt je onvrij. Zo kunnen we vooral de gevangene zijn van onszelf, die wanhopig verzucht: 'Ik wou dat ik dit niet wilde.'

Het probleem is dat we onze hogere doelen wel het meest belangrijk en waardevol vinden, maar dat ze vaak niet direct realiseerbaar zijn, terwijl het toegeven aan verleiding onmiddellijk voordeel oplevert. Het primitieve kleutertje dat we allemaal in ons hebben kent meer gewicht toe aan genoegens die zeer nabij zijn, waardoor doelen die een langere adem vergen het vaak verliezen. Emotie-onderzoekers* hebben hier een oplossing voor bedacht. Stel dat je voor de tv hangt of zit te surfen terwijl je eigenlijk aan een klus moet beginnen. Op dat moment moet je denken aan de waarde of het doel dat je met die klus wilt realiseren – bijvoorbeeld: carrière maken zodat je een inspirerend leidinggevende kunt worden, hogerop komen zodat je de dienstverlening van je organisatie kunt verbeteren, je kwaliteiten op een bepaald terrein aanscherpen, iemand anders helpen of de wereld mooier maken, of misschien domweg je aan je afspraken houden (met jezelf of iemand anders). Je kunt dan bedenken dat je, zodra je aan de slag gaat, dit doel aan het dienen bent, en dat zal meteen een goed gevoel geven. Aan de tv of computer gekluisterd blijven betekent dat je niet aan je doel werkt en zal dus een slechter gevoel geven. Door deze gedachte wordt de onmiddellijke beloningswaarde van het lange-termijn-doel meteen hoger. Je voelt je goed zodra je eraan begint.

In een van de onderzoeken konden studenten kiezen tussen oefenen op een wiskundetaak of tv kijken. Een deel van de studenten werd eraan herinnerd dat het werken aan de wiskundetaak een gelegenheid was om hun wilskracht te testen. Dit had niet alleen tot gevolg dat ze inderdaad meer en beter werkten aan de taak, maar ook dat ze hierdoor meer positieve gevoelens hadden en het tv kijken juist minder prettig vonden. Vooraf was al vastgesteld dat studenten wilskracht een belangrijke waarde vinden, maar de

---

* Magen, E. & Gross, J.J. (2007). Harnessing the need for immediate gratification. *Emotion, 7*, 415–428.

onderzoekers vermoeden dat het werkt met elk doel dat je jezelf stelt dat van toepassing is. Bijvoorbeeld: respectvol of integer zijn, jezelf ontwikkelen, geïnspireerd blijven, minder reactief zijn en zelf de regie houden. Als dit inderdaad werkt, zou dat de sleutel kunnen zijn naar keuzevrijheid en emotionele volwassenheid – met alle positieve gevolgen van dien: voor jezelf, de medemens en de aardbol.

p. 136
p. 46

29 De blinde vlek van de bevlogenen

Aan het eind van het studiejaar kwam er een student langs: 'Ik heb voor uw vak het hele boek drie keer gelezen en alle colleges gevolgd. Ik heb alle studieopdrachten gemaakt. En toch heb ik het tentamen al drie keer niet gehaald. Dus het blijkt dat er iets niet goed is met het tentamen!' In de loop van vele bezoekjes van studenten die 'alleen maar door mijn vak' of 'alleen door die ene vraag' hun propedeuse niet halen, ben ik wat minder empathisch geworden. Ik antwoordde: 'Je hebt het boek bestudeerd, dus je kent de theorie van Heider: dat je prestaties een functie zijn van enerzijds je inzet, anderzijds je bekwaamheid. Je inzet was groot, zeg je, dus bedenk nu zelf eens waar het dan aan zou kunnen liggen.'

Ik zei dit niet uit kwaadaardigheid. Het ergert me dat mensen vaak p. 24, 55 zo'n blinde vlek hebben over hun talenten. Heider bedacht dat gedrag altijd verschillende oorzaken kan hebben die variëren op diverse dimensies, zoals intern – extern (de oorzaak ligt bij jezelf of bij factoren buiten jou) of stabiel – instabiel (de oorzaak is tijdelijk of altijd aanwezig). Eigen bekwaamheid is een voorbeeld van een interne, stabiele oorzaak. Mensen overschatten de rol daarvan als ze een goede prestatie hebben geleverd, terwijl ze hem juist *onder*schatten als ze falen: dat ligt altijd aan externe of tijdelijke oorzaken – er is iets mis met het tentamen (extern, stabiel), de rijinstructeur had de pest aan me, mijn oma was ziek, de brug stond open (extern, instabiel), ik had geen tijd om het voor te bereiden of ik was niet zo gemotiveerd (intern, instabiel). Nooit eens hoor je iemand zeggen: 'Ik ben gewoon niet zo goed.' Terwijl we dat toch vaak genoeg denken als een ánder faalt.

Wanneer het misgaat, zie je liever je inzet als een bepalende factor, want daarop heb je meer invloed dan op je talent. Misschien verklaart dit de huidige populariteit van onderwerpen als volharding, toewijding, bevlogenheid en passie – allemaal begrippen die verwijzen naar interne, instabiele en controleerbare factoren voor succes. Ben je dom of talentloos dan is daar weinig aan te doen, maar dan kun je altijd nog volhardend en bevlogen worden! Dat heb je zelf in de hand. Zo kunnen deze begrippen dezelfde rol vervullen die ook emotionele intelligentie heeft. Mensen zien emotionele intelligentie als iets waar ze aan kunnen 'werken', veel meer dan 'gewone' intelligentie. Met zo'n begrip is er weer hoop voor de dommerds: het draait niet allemaal om IQ; als je je EQ oppept kun je het toch nog ver schoppen. p. 21, 154 p. 178

Hetzelfde dreigt nu te gebeuren met bevlogenheid en volharding. Psychologen, trainers en coaches moedigen mensen aan om ambitieuze doelen te stellen ('Durf in jezelf te geloven!') en ongetwijfeld zijn er testen over ('Heb jij de volharding die nodig is voor de top?') en cursussen ('Bevlogenheid in één dag'). Onderzoekers dragen gegevens aan over mensen die de top hebben bereikt, waaruit blijkt dat zij altijd hoge ambities hebben gehad en keihard hebben gewerkt aan het realiseren daarvan. De boodschap is: als je echt wilt, dan lukt het je ook. Met als gevolg dat studenten gaan denken: als ik hard studeer en ik haal het tentamen niet, moet het dús aan het tentamen liggen.

De bevlogenheidspleiters kijken echter alleen naar hoogvliegers en niet naar al die mensen die ergens in geloven en ervoor knokken maar die toch laagvliegers blijven. We zien alleen de Martin Luther Kings die een droom hebben. De rest van de wereld droomt ook wat af, maar blijft onzichtbaar. Denk eens aan al die mensen die het niet redden in talentenjachten: allemaal supergemotiveerd, overtuigd en uitblinkend in ijver, maar de jury en de kijkers denken al snel '*give it up*', omdat het talent ontbreekt. Het niveau van iemands ambities correspondeert nu eenmaal niet altijd met het niveau van zijn talenten. Met al die op drift geslagen bevlogenen gaat de wereld nog eens aan vlijt ten onder.

30 Controle: alweer een geval van zelfbedrog

Stel je voor dat je lootjes trekt. Je baas heeft bijvoorbeeld bedacht dat er eerlijk wordt geloot wie er naar de enige leuke cursus uit het aanbod mag. Of je loot met je vrienden naar welke film jullie gaan. De lootjes liggen op tafel. Een van de aanwezigen pakt voor iedereen een lootje en deelt ze uit.

Ho even, denk je dan: ik wil mijn eigen lootje pakken! Als je zelf je lootje kunt kiezen, voelt het alsof de kans op het gewenste resultaat groter is. Je kunt heel hard denken aan het begeerde resultaat terwijl je je lot trekt, alsof dat helpt. Je weet wel dat dat niet rationeel is. Toch is deze illusie van controle wijdverbreid. Zo gaan mensen bij een spannend potje Risk vaak op de dobbelstenen blazen om het juiste getal te gooien. In het casino gooien ze extra hard als ze een hoge worp willen en zachtjes voor een lage worp.

De oorzaak van deze illusie is onze diepgewortelde behoefte aan controle. Het gevoel (of de illusie) van controle vermindert stress. Controle kan bepalen hoe (on)prettig we iets vinden. Je hebt bijvoorbeeld minder last van geluiden die je zelf kunt beëindigen dan geluiden die je overkomen. Bejaarden vinden hun visite gezelliger als ze vooraf weten wanneer die komt dan als die onaangekondigd opduikt.

p. 79, 168

Maar zoals elke illusie die ons welzijn bevordert, heeft ook deze een keerzijde. We herkennen risico's minder snel, doordat we ten onrechte denken dat we alles in de hand hebben. Een ander nadeel is dat we wetmatigheden zien waar die niet zijn. Iemand vertelde mij een keer: 'Altijd als ik antidepressiva slik, val ik op de verkeerde man. Als ik dan iets begin met die man, word ik blij en stop ik met de antidepressiva. Maar dan ontdek ik dat hij niet deugt, dus dan gaat het uit en moet ik weer aan de antidepressiva.' Tja, zo kun je jezelf lekker klem houden. Deze 'wetmatigheid' was gebaseerd op twee ervaringen waar natuurlijk ook andere verklaringen voor zijn; bijvoorbeeld dat je in een relatie *altijd* na verloop van tijd iemands gebreken ontdekt. Dat mensen na de eerste verliefdheid toch vaak niet blijken te matchen. Dat soort variabelen zijn moeilijker te bevatten en te beheersen, dus zoeken we liever iets simpels ter verklaring van ons wel en wee. 'Als ik mijn paraplu meeneem, gaat het niet regenen.'

Ons verlangen naar controle heeft tot gevolg dat we de invloed van toevallige, situationele factoren op ons gedrag onderschatten. p. 130, 177 In een Amerikaans experiment* moesten deelnemers woordparen onthouden, waarvan sommige waren gemaakt om bepaalde associaties op te roepen. Bij *zee–maan* bijvoorbeeld, denk je aan getijde: '*Tide*', eveneens de naam van een Amerikaans wasmiddel. Later bleek dat deelnemers die het woordpaar *zee–maan* hadden gezien, het wasmiddel '*Tide*' vaak noemden in een zogenaamd onderzoek naar merkbekendheid van wasmiddelen. Desgevraagd ontkenden ze dat het eerder geleerde woordpaar misschien van invloed was geweest. 'Het is gewoon een bekend merk,' zeiden ze.

Door onze behoefte aan controle ervaren we ons gedrag als iets dat we zelf bedenken en zelf veroorzaken. p. 28 De mens is daardoor vaak 'als een gek die op het perron staat en het startsein geeft voor een trein die toch wel zou vertrekken'. De controle en de voorspelbaarheid van ons eigen gedrag zijn lager dan we denken. Immers, je hebt niet altijd in de hand in welke situaties je terechtkomt en welke prikkels je onderweg tegenkomt. Gebeurtenissen kunnen zich zomaar opeens voordoen, je gedrag bepalen, misschien zelfs een beslissende wending geven aan je leven.

---

* Nisbett, R. & Wilson, T. (1977). Telling more than we can know: Verbal reports on mental processes. *Psychological Review, 84*, 231–258.

Het is veel prettiger aan te nemen dat wij zelf heer en meester zijn over wat er in ons leven gebeurt. Maar juist het hardnekkig vasthouden aan dat idee, zorgt ervoor dat we niet bedacht zijn op situationele en toevallige invloeden. En maakt onze gevoeligheid voor die invloeden dus alleen maar groter.

Doe ik het wel goed? Verborgen narcisme

31

Ik was op bezoek bij een vriendin. Haar nieuwe vriend P was er ook. Het was mooi weer, we zaten op het balkon. Wij kletsten, hij las een boek en kletste af en toe mee. Heel ontspannen en gemoedelijk. Maar eenmaal thuis dacht ik: 'Shit, ik heb het weer gedaan: veel te weinig gevraagd aan "de partner"! Over zijn werk, zijn hobby's, zijn leven. Stom!' Daar had ik laatst een opmerking over gekregen van een vriend. Zijn nieuwe vriendin dacht dat ik hem wilde inpikken, omdat ik zo gezellig met hem zat te kletsen en haar geen vragen stelde.

'Wat onaardig nou weer van me,' dacht ik. 'Nu denkt P dat ik hem oninteressant vind.' Toen ik de vriendin later belde, bleek zij op het balkon andere zorgen te hebben gehad. Ze vroeg zich af of we P stoorden bij het lezen en beter konden verkassen. Toen ik aangaf dat ik meer interesse in hem had moeten tonen, was dat haar helemaal niet opgevallen. 'P, vond jij dat Roos jou meer had moeten vragen toen ze hier was?' vroeg ze over haar schouder. Nee, zei hij, hij vond het leuk, maar was bezorgd dat hij ons tot last was. Wij wilden misschien over vrouwendingen praten en dan zat hij in de weg.

We maakten ons dus alle drie zorgen dat we de ander tot last waren. Ik denk dat het heel vaak zo gaat. We tobben wat af over of we wel leuk, lief, slim, gevat of attent genoeg zijn voor anderen, maar die anderen merken niks van alle gebreken die we onszelf toedichten, want die zijn over hun eigen gebreken aan het tobben. p. 92

Hoewel onderzoekers geregeld constateren dat mensen een te rooskleurig beeld van zichzelf hebben, lijkt dat toch vooral de buitenkant te zijn. Alledaagse ervaring leert dat mensen zich juist (te) p. 51, 73, 24 vaak afvragen of ze het wel goed doen. Zit er iemand te gapen als ze wat vertellen, dan denken ze direct dat hun verhaal niet boeiend genoeg is. Loopt een samenwerking moeizaam of haakt een klant af, dan voelen ze zich verantwoordelijk. Worden ze door anderen bekeken, dan denken ze: 'Wat is er mis met mij?' En worden ze níet bekeken, dan denken ze dat ook.

Deze gedachten wijzen op onzekerheid, maar ironisch genoeg
p. 139 ook op een vorm van narcisme – verborgen narcisme genoemd. 'Doe ik het wel goed? Nemen ze me wel serieus? Ben ik te aardig, of juist niet aardig genoeg? Kwam het door mij dat het niet lekker
p. 103 liep?' Als je zo denkt, ben je eigenlijk de hele tijd met jezelf bezig. Je vergeet dat de rest van de wereld helemaal niet met jou bezig is. Dat een echtgenoot stil kan zijn omdat hij gewoon moe is. Dat een vriendin niet naar je luistert omdat ze door haar eigen sores in beslag wordt genomen. Dat je baas je geen waardering geeft omdat ie domweg een botte hork is.

Voor iedereen die vaak tobt over zichzelf heb ik slecht nieuws: het gaat niet om jou! De meeste dingen die mensen doen, hebben domweg niks met jou te maken.

Het goede nieuws is… Het gaat niet om jou! Je kunt ontspannen. Je hoeft niet over jezelf te piekeren, je kunt gewoon je aandacht op
p. 197 iets buiten jezelf richten. Lekker doen wat je leuk vindt en waar je in gelooft. Dat is trouwens de beste remedie tegen tobberigheid.

Kansrekening 32

In de jaren zestig en zeventig was *Let's Make A Deal* een populaire Amerikaanse tv-quiz. Aan het eind van elke aflevering kon de winnende kandidaat tussen drie gesloten deuren kiezen. Achter één daarvan stond de sportauto, achter de overige deuren zat een prijs van niks (bijvoorbeeld een geit). Nadat de kandidaat een deur had gekozen, opende quizmaster Monty Hall (in Nederland deed Willem Ruis later hetzelfde) een van de andere deuren om te laten zien dat de auto daar niet achter stond.

Stel je voor: je bent de winnaar. Je hebt deur C aangewezen. Monty Hall opent B en daar staat een geit die beduusd de opgewonden zaal in kijkt. Nu krijg je de vraag of je nog van keus wilt veranderen. Wat moet je doen? Bij je keus blijven? Switchen naar A? Of maakt het niets uit?

De meeste mensen blijven in dit geval bij hun keus. Ze redeneren dat het weinig uitmaakt: je hebt bij beide deuren 50 procent kans. Onder het motto 'niet twijfelen aan je eerste gevoel' (daar kun je spijt van krijgen) switchen ze niet. Toch kunnen ze dat beter wel doen. Want als je verandert naar A heb je twee keer zoveel kans op de hoofdprijs als wanneer je bij C blijft!* p. 175, 53

De moeite die het ons kost dit te bevatten, illustreert dat we van nature niet erg goed zijn in kansrekening. In de psychologie zijn tal van vertekeningen in meer eenvoudige kansoordelen bekend. Zo is er de 'gokkers-fout' (*gambler's fallacy*). Als de dobbelsteen of de roulettedraaitafel vele malen hetzelfde resultaat heeft gegeven,

---

* http://en.wikipedia.org/wiki/Monty_Hall_problem

verwacht je dat een ander resultaat 'aan de beurt is' en waarschijnlijker wordt, terwijl de kansen in werkelijkheid telkens opnieuw hetzelfde zijn: de dobbelsteen heeft geen geheugen. De *gambler's fallacy* steekt ook de kop op als mensen zelf toevalsreeksen bedenken. Velen zullen bij 10 achtereenvolgende worpen van een dobbelsteen bijvoorbeeld eerder de reeks 3 5 6 5 2 3 4 1 2 4 verwachten dan de reeks 3 3 3 5 2 3 2 2 2 5, terwijl die net zo waarschijnlijk is.

Maar zelfs al ben je een echte getallenfreak en snap je dit allemaal perfect, dan zul je waarschijnlijk toch nog struikelen over het Monty Hall-probleem, want dat doet bijna iedereen. Het lijkt erop dat ons brein in wezen niet goed is uitgerust om over kansen na te p. 97 denken. Gebruik maken van intuïtie werkt hier voor geen meter, en ook met oefening en hard nadenken blijft het lastig. Het wonderlijke is dat het beter lukt wanneer we kansen vertalen naar grote aantallen. Stel dat je bij Monty Hall moet kiezen uit 100 deuren. Achter één van deze deuren wacht de hoofdprijs. Je kiest een deur en hebt dus 1/100 kans. Nu opent Monty Hall 98 andere deuren en laat zien dat achter al deze deuren geen hoofdprijs staat. Er blijven twee dichte deuren over: je eerste keus en die ene andere deur. Je zal wel gek zijn om deze niet te kiezen, want je begrijpt meteen dat Monty niet willekeurig 98 andere deuren kan openen: hij moet die deuren kiezen waar geen prijs achter staat. Alleen als je meteen al de goede deur had gekozen, kan hij elke andere deur openen, maar die kans was en blijft 1/100. De kans is veel groter dat de hoofdprijs achter die ene andere deur schuilt: de overige 99/100, die eerst verdeeld waren over 99 deuren, zit nu bij die ene deur.

In het gewone leven moeten we geregeld beslissingen nemen gebaseerd op waarschijnlijkheidsschattingen. Het is dan goed te bedenken dat we hier niks van kunnen. Als je het beslisprobleem vertaalt naar een gebeurtenis die je 100 keer kunt herhalen, en dan gewoon gaat tellen hoe vaak welk resultaat zich voordoet, neem je waarschijnlijk een betere beslissing. Ik garandeer niets, maar de kans dat het werkt is groot.

Naschrift:
Op deze column in Intermediair kwamen enorm veel reacties van lezers die toch echt vonden dat het niet uitmaakt en dat je net zo goed bij je keus kunt blijven. Hoor je ook bij die lezers, bedenk dan:

- *Bij Monty Hall liggen de kansen vooraf vast (het is vooraf bekend achter welke deur de sportauto staat), er is maar 1 deur waar de auto achter staat (dus staat ie niet achter A en B, dan moet ie wel achter C staan), en... de quizmaster weet welke. Doordat de quizmaster niet de deur opent waar de prijs achter staat, geeft hij dus in feite informatie weg over zijn voorkennis.*
- *Als de kandidaat in 1 keer de juiste deur raadt, zou het nadelig zijn om te switchen, maar in dat geval wordt in de quiz ook niet gevraagd of de kandidaat wil switchen.*
- *Als je googlet op Monty Hall-dilemma of -probleem vind je diverse andere toelichtingen en discussies. Zie bijvoorbeeld http://www.wiskundemeisjes.nl/20110416/filosofie-geiten-en-auto's/*
- *Het meest overtuigend is het zelf uitproberen! http://www.nytimes.com/2008/04/08/science/08monty.html*

33 Verborgen gebreken

De eerste keer dat mijn broertje en ik alleen thuis waren, was een belevenis. 'Zoet zijn!' had mijn moeder gezegd, hetgeen ons onmiddellijk op het idee bracht dat er misschien iets stouts te doen viel. Na enig denken besloten we alle boeken in de boekenkast tegen de achterwand aan te duwen en de hagelslag op te eten. Avontuur! Toen mijn moeder thuis kwam en zei 'Wat is er met jullie aan de hand?', hebben we het meteen opgebiecht. Tot onze verbazing kregen we helemaal niet op ons kop. Ze was juist heel aardig en blij, omdat we het eerlijk hadden gezegd. 'Als je maar eerlijk bent, daar gaat het om,' zei ze.

Tot mijn schade en schande heb ik later in mijn leven ondervonden dat die levensles niet altijd van toepassing is. Dat je in elk geval niet alles kunt doen waar je zin in hebt onder het motto 'als ik maar eerlijk ben'. Toch bleek onlangs uit een serie onderzoeken dat het opbiechten van je tekortkomingen niet zoveel kwaad kan als veel mensen vrezen. In deze studies ging het niet om kattenkwaad, maar om algemene zwakheden zoals koppigheid, impulsief beslissingen nemen, te snel opgeven, je mening niet zeggen of je minder dan anderen voelen. Zo hebben we allemaal onze gebreken die we gewoonlijk voor anderen verzwijgen, uit angst dat ze ons minder leuk vinden als ze dit zouden weten.

Die angst blijkt geheel onterecht. Dat anderen onze zwakheden ook echt als zwakheden zien, dat klopt wél. Maar wanneer we die zwakheden bekennen, heeft dat ook een positief effect: we worden gezien als eerlijk, oprecht, in staat tot zelfreflectie en tot werkelijk voor de dag komen in het contact met anderen. Dit zijn zulke goede eigenschappen dat zelfonthulling juist gunstige effecten heeft. Dat je ook menselijke zwakheden hebt, tja, dat is niet zo opzienbarend; die hebben we allemaal. Niemand verwacht dat je volmaakt bent. Sterker nog, mensen houden helemaal niet van personen die volmaakt zijn. In een experiment uit de jaren zeventig bleek dat iemand die allemaal positieve eigenschappen heeft, aardiger wordt gevonden als hij onhandig een kop koffie omgooit: eindelijk, hij is ook maar een mens. p. 97

Toch hebben we allemaal de neiging onze angsten, zwakheden en flaters verborgen te houden. Hierdoor ontstaat nóg een angst, namelijk dat anderen je niet meer leuk vinden als ze je echt zouden kennen. Zo gaan er heel wat mensen eenzaam door het leven, in de veronderstelling dat ze een gepolijste, gladgestreken versie van zichzelf moeten neerzetten om nog enig contact met de medemens te behouden. De angst om jezelf te laten zien is ook heel begrijpelijk: niets is erger dan als je voor de dag komt en dán wordt afgewezen, om wie je echt bent. Dan kun je maar beter je diepste gevoelens verborgen houden en desnoods worden afgewezen om je buitenkant, dat is minder pijnlijk. p. 111

Alleen hou je op die manier de gedachte in stand dat mensen op je 'echte zelf' afknappen. Gelukkig blijkt dat risico nu reuze mee te vallen. Mijn moeder had gelijk. Gewoon voor de dag komen met al je twijfels en misstappen. Ook als je dat hakkelend en stuntelend doet of erbij bloost. Alleen maar goed: dat geeft je juist die sympathieke *touch*. En het opent de weg naar echte intimiteit. p. 23

34 Time-out: het nut van depressie

In de farmaceutische wereld is er een bekende proef om de werking van nieuwe antidepressiva te testen: de rattenzwemtest. Een rat wordt in een bak water gegooid waar hij niet in kan staan. De rat probeert zwemmend en strubbelend eruit te komen, maar hij heeft nergens houvast, dus dat is zinloos. Ratten zijn slimme beestjes, dus zo'n rat houdt snel op en blijft dan een beetje dobberen terwijl hij sullig om zich heen kijkt. Hij heeft het opgegeven. Dat is eigenlijk een uiting van het begin van depressie: de rat ziet het niet meer zitten.* Werkt een medicijn tegen depressie, dan blijft zo'n rat dus veel langer proberen om eruit te komen. 'Geef nooit op!' lijkt ie te denken.

* http://www.iocob.nl/Angst-depressie.html

Nu heb ik sowieso mijn twijfels over de zin van dierproeven, maar deze illustreert wel gemeen adequaat wat de makke is van zo'n antidepressivum. Die rat die het opgeeft, heeft immers volkomen gelijk. Doorzetten is in dit geval zinloos. Zo denk ik dat ook de meeste mensen op zeker moment in hun leven in een situatie komen waarin ze moeten opgeven. Verliefd op de verkeerde, ongeschikt voor het werk dat je ambieerde, een vriendschap of relatie die maar niet vlot wil trekken ook al probeer je alles. De echte doorzetters doen er wat langer over, maar uiteindelijk kom je op een punt dat je het hoofd moet buigen en je verlies nemen. Dat doet pijn, nee wat zeg ik, het is deprimerend. In feite is dát het kenmerk van een depressie (uitgezonderd mensen die chronisch depressief zijn; mensen bij wie antidepressiva wél zin hebben): je erkent dat wat je ook doet, je het niet voor elkaar krijgt.

p. 80
p. 120
p. 177
p. 141

Dat je daar depressief van wordt, daar kun je je dan ook wel weer tegen verzetten, maar dan mis je nu juist de boodschap: *give it up*. Een depressieve periode heeft een belangrijke psychologische time-out functie: het zorgt ervoor dat je loslaat. Je doet even niks, je kunt jezelf nergens toe zetten. Je overleeft, dat is alles. Je hebt zo'n periode nodig om terug bij de basis te komen, dingen vanuit een ander perspectief te bekijken. Als een karper die, nadat ie gevangen is geweest, naar de bodem zwemt om bij te komen. Overleven. Je weet het nog niet: je bent vrij. De lijn is los. Alles is weer mogelijk!

p. 183

Als je voor die tijd keihard je best hebt gedaan om er wat van te maken, is die vrijheid geen onverdeeld genoegen: '*another word for nothing left to lose*'. Zo is het. Natuurlijk ga je zitten treuren om wat verloren is, en vind je alle dingen die nu wél kunnen totaal oninteressant. Dat hoort er ook bij. Maar al die tijd is je systeem bezig iets nieuws te leren over het leven. Nee, niet als je zegt: 'Nou schiet maar op dan met die depressie, dan leer ik gauw mijn lesje en kan ik weer vrolijk verder.' Of als je een schijnbeweging maakt: 'Oké, ik geef het op maar ik merk nog helemaal geen effect!'

Loslaten heeft zijn eigen tempo. Denk aan de karper. Zijn tijd komt weer. Een depressie is een pas op de plaats. Juist hierdoor kom je tot een heroriëntatie. Geleidelijk, met vallen en opstaan, met hoop en wanhoop. Alleen op de bodem kom je in contact met de grondvesten van je leven.

Het is altijd duurder dan je denkt

35

'Aan het eind van mijn geld houd ik altijd een stukje maand over' is een Loesje-tekst waar veel mensen zich in herkennen. Er wordt heel wat afgetobd over geld en het is een van de onderwerpen waar stellen de meeste ruzie over maken. Het blijkt* dat mensen niet goed kunnen voorspellen hoeveel geld ze gaan uitgeven. Ze zijn daar steevast te optimistisch over. Hierdoor geven veel mensen meer uit dan ze verdienen, ze leven boven hun stand en maken zich zelfs niet druk om de torenhoge rentetarieven van geldleners, want ze verwachten dat ze alles op tijd gaan terugbetalen. Die verwachtingen, en optimistische voornemens om nu eens zuiniger te gaan leven, worden keer op keer gelogenstraft.

p. 180

Dit komt niet doordat mensen vergeten hoeveel ze besteden. Ze hebben een goede herinnering aan hun uitgaven, dus als ze vooruitkijken zouden ze zich daarop kunnen baseren. Financieel gedrag uit het verleden is geheid een goede voorspeller voor de toekomst. Maar dat zien mensen zelf anders. In hun voorspellingen laten ze zich sterk beïnvloeden door hun voornemens. Ben je van plan zuinig te doen, dan voorspel je dus dat je minder uitgeeft. Dat is helemaal niet gek gedacht: je hebt immers zelf controle over hoeveel je uitgeeft. Toch blijkt dat daadwerkelijk bestedingsgedrag nauwelijks wordt beïnvloed door goede intenties.

p. 149
p. 64

* Peetz, J. & Buehler, R. (2009). Is there a budget fallacy? The role of saving goals in the prediction of personal spending. *Personality & Social Psychology Bulletin*, 35, 1579–1591.

Gevolg hiervan is een systematische onderschatting van hoeveel geld je gaat uitgeven – in het onderzoek zo'n 33 procent bij mensen die een week vooruitkeken – en die onderschatting is sterker bij mensen met bezuinigingsplannen. De wens is de vader van de gedachte: hoe meer je gemotiveerd bent zuinig te doen, des te meer ben je geneigd te voorspellen dat je weinig gaat uitgeven; je neemt immers aan dat je intenties van invloed zijn op je gedrag. Maar omdat dat niet zo is – feitelijk worden je uitgaven meer bepaald door situationele factoren en door vaste gewoontes en vaste lasten – ontstaat er een grote discrepantie tussen de verwachte en de feitelijke bestedingen. Ironisch genoeg is de onderschatting van toekomstige uitgaven dus juist het sterkst bij mensen die het meest gemotiveerd zijn om te besparen.

Dat belooft nog wat voor de miljoenen die wij met z'n allen moeten bezuinigen de komende jaren. Nu mogen we hopelijk aannemen dat financieel deskundigen anders te werk gaan dan de deelnemers aan dit onderzoek, maar het kan geen kwaad te bedenken dat deskundigen ook maar mensen zijn, die net als iedereen ten prooi kunnen vallen aan p. 24 *wishful thinking*. Ik heb altijd geleerd dat je in begrotingen een post 'onvoorzien' van 10 procent moet opnemen, maar gezien deze onderzoeksresultaten zou dat toch zeker 30 procent moeten zijn. Dat zou bij projecten als de Betuwelijn en de Noord-Zuidlijn alvast een klein tikje geholpen hebben.

Daarnaast geldt voor financiële planning hetzelfde advies als voor p. 27 tijdsplanning, waar een vergelijkbaar optimisme mensen de das om doet – ook mensen die allang weten dat alles altijd langer duurt dan je denkt. Om tijd of geld te sparen, moet je niet besluiten 'Ik ga zuiniger leven' of 'efficiënter werken'; je moet het veel gedetailleerder en concreter bekijken. Je moet alle deelaspecten in kaart brengen en bepalen wat je specifiek anders gaat doen, hoe, waar, wanneer, en hoeveel je daarmee gaat besparen. Omdat je op die manier daadwerkelijk de kans bevordert dat je gedrag verandert, zullen je voorspellingen er minder ver – maar nog wel wat – naast zitten.

Je kunt natuurlijk ook gewoon je voorspelling en je plannen beter afstemmen op je gedrag, door te erkennen dat je net zo bent als iedereen: volgende week ga je net zoveel geld uitgeven en net zoveel tijd tekort komen als vorige week.

36 Samenwerking: het voordeel van de twijfel

Samenwerking is voor mensen cruciaal. Door samenwerking hebben onze voorouders kunnen overleven, komen organisaties, popgroepen en sportteams tot topprestaties, en hielden familiebedrijven zich bovengemiddeld staande in de recessie. Helaas p. 133 wordt samenwerking altijd bedreigd door eigenbelang. Er is altijd de verleiding gebruik te maken van de bijdragen van anderen zonder zelf een evenredig aandeel in te brengen. Bijvoorbeeld door kopjes in de gemeenschappelijke keuken niet af te wassen, te laat te komen in een vervelend overleg, of een vergadering niet voor te bereiden omdat je het ter plekke wel oppikt van degenen die dat wel hebben gedaan. Zelf kom ik graag als laatste aan bij de gate van een vliegtuig. We kunnen toch niet allemaal tegelijk boarden?

Hoe kunnen we, gegeven deze menselijke zwakte, duurzame vormen van samenwerking opbouwen waarin iedereen zijn steentje bijdraagt? Honderden wetenschappelijke studies suggereren dat de beste methode een *tit for tat* (oog om oog)-strategie is: stel dat persoon A samenwerkt met B, en B stelt zich coöperatief op, dan doet A dat ook; laat B het eigenbelang prevaleren, dan doet A dat ook. Al doende komt B er achter dat A zich alleen inzet voor het team zolang B dat ook doet. Wil B samenwerken, dan móet hij dus wel coöperatief zijn. Een echte positivo zou kunnen denken dat het beter werkt als A het goede voorbeeld geeft door altíjd coöperatief te zijn, wat B ook doet. Helaas wordt dit door de meeste mensen opgevat als een uitnodiging misbruik te maken van A en hun eigenbelang te dienen ten koste van A.

Een probleem van de *tit for tat*-strategie is dat je niet altijd zeker p. 51 weet hoe het gedrag van anderen is bedoeld. Iemand kan een vervelend overleg missen omdat ie het overleg wil vermijden (eigenbelang), maar ook omdat ie gewoon verhinderd is. Als je *tit for tat* toepast, reageer je op het gedrag van de ander en kies je zelf ook voor eigenbelang: 'Als hij zich niet inzet, doe ik het ook niet.' Dit zal bij de ander ook weer een niet-coöperatieve reactie uitlokken. Hierdoor kan een misverstand over iemands bedoelingen leiden tot een negatieve spiraal. Dit kan vervelend uitpakken in het alledaagse leven, dat nu eenmaal veel ruis bevat: de bedoelingen van mensen zijn niet altijd duidelijk en iedereen kan door toevallige belemmeringen weleens tot oncoöperatief gedrag komen. Daarom zou je anderen het voordeel van de twijfel moeten geven en een *tit for tat + 1*-strategie moeten hanteren: als iemand één keer niet coöperatief is, stel je jezelf toch coöperatief op. Pas als iemand twee keer niet coöperatief is, betaal je met gelijke munt terug. p. 171

Onderzoek* laat zien dat de aanwezigheid van ruis (in het onderzoek: wegomleidingen, waardoor een postbezorger die per uur werd betaald lang deed over het afleveren van een pakje) inderdaad negatief uitpakt voor samenwerking. Het leidde tot minder vertrouwen, negatieve oordelen over de ander en weinig coöperatie. Om ondanks ruis de samenwerking te beschermen, werkte een zeer ruimhartige, *tit for tat + veel* (veel meer dan 1)-strategie het best: je meermalen coöperatief blijven opstellen nadat de ander het laat afweten. Deze vergevingsgezinde aanpak leidde tot meer vertrouwen, meer positieve gevoelens en meer samenwerkingsgerichtheid.

Het mooie is dat je hiermee als eenling een sfeer van onderling vertrouwen kunt kweken en niet hoeft te wachten tot een ander het doet. Er is maar één partij nodig die zich coöperatief opstelt. De rest gaat vanzelf, want zo creëer je welwillendheid. Anderen wor- p. 168

* Klapwijk & Van Lange (2009). Promoting cooperation and trust in 'noisy' situations: The power of generosity. *Journal of Personality & Social Psychology, 96*, 83–103.

den minder calculerend en zetten zich met plezier in voor het collectief. Zoals mijn moeder altijd zei als ik ruzie had met mijn broertje, 'Er hoeft er maar één de wijste te zijn'. Als je nu denkt wat ik toen dacht – dat die ander dat dan maar moet zijn – dan heb je de pointe gemist…

Mooi zijn

37

Heb je meer kans op een baan als je er goed uitziet? Je moet een boek niet op de cover beoordelen, zegt het Engelse spreekwoord. Maar ondertussen dóen we dat wel. 'Mooi van binnen' is het belangrijkst, zeggen we, maar mooi van buiten is een voordeel dat ongemerkt onze indrukken en ervaringen enorm kan sturen. In een onderzoek werden mannen en vrouwen lukraak aan elkaar gekoppeld om naar een dansavond te gaan. Je zou denken dat hoeveel plezier ze met elkaar hadden werd bepaald door hun raakvlakken. Maar de belangrijkste factor die bepaalde hoe leuk hun avond was en hoe graag ze de ander weer wilden zien, was de uiterlijke aantrekkelijkheid van degene aan wie ze gekoppeld waren.

p. 113

Maar op de banenmarkt gaat het toch zeker om je bekwaamheden en talenten? Natuurlijk, maar evengoed blijkt dat aantrekkelijke sollicitanten eerder worden aangenomen en ook meer verdienen. Vergeleken met gemiddeld aantrekkelijke mensen verdienen de lelijkerds 9 procent minder, en de knapperds 5 procent meer.* De gemiddelde man in het Amerikaanse onderzoek uit 1996 verdiende per jaar 2600 dollar minder als hij lelijk was, en 1400 meer als hij knap was; voor vrouwen ging het om iets kleinere verschillen van respectievelijk 2000 en 1100 dollar. In een apart onderzoek onder advocaten bleken deze verschillen 15 jaar na de studie groter te zijn dan 5 jaar erna. Dus ze verdwijnen niet als je meer ervaring opdoet.

---

* http://stlouisfed.org/publications/re/2005/b/pdf/appearance.pdf

Als het om uiterlijk gaat, zeggen mensen vaak dat dat een kwestie van smaak is, en dat zij anderen daar niet op beoordelen omdat het 'om de uitstraling gaat'. In de praktijk blijkt die uitstraling flink gecorreleerd te zijn met schoonheid, en is er binnen een cultuur grote consensus over wie mooi en lelijk is. Een mooie vrouw heeft grote ogen, hoge wenkbrauwen, een smalle neus, kin en wangen, geprononceerde jukbeenderen, een kleine neus-kin-afstand, en natuurlijk een ideale taille-heup-verhouding van 7:10. Een knappe p. 125 man heeft meer typisch mannelijke kenmerken zoals dieper liggende ogen, een donkerder huid, inhammetjes in de haargrens en een rechthoekige kaaklijn.

Het nadeel voor onaantrekkelijke mensen op de banenmarkt berust niet altijd op pure discriminatie. Als je (al dan niet bewust) aanneemt dat cliënten liever van doen hebben met iemand die er goed uitziet, is diegene ook meer waard. Ook zijn mooie mensen vaak wat vlotter in de omgang, mede doordat ze positiever bejegend worden. Maar met dit soort overwegingen kun je alweer moeilijker rationeel verklaren dat knappe verdachten in rechtszaken lagere straffen krijgen dan lelijke, en dat dikke meisjes van hun eigen ouders minder zakgeld krijgen dan slanke.

Afgezien van enkele nadelen – mooie mensen worden gezien als ijdeler en arroganter, en mooie vrouwen eerder als drager van geslachtsziekten – lijkt aantrekkelijkheid alleen maar voordelen te hebben. Toch zijn die bevoorrechte mooie mensen helemaal niet gelukkiger. Verwende prinsjes en prinsesjes? Probleem is dat aantrekkelijke mensen nooit zeker weten of ze worden gewaardeerd vanwege hun uiterlijk of hun inhoudelijke kwaliteiten. Ik ben zelf weleens wat sip geweest toen een man zei dat hij meer op mijn karakter dan mijn uiterlijk viel, maar omgekeerd is natuurlijk ook niks. Mooie mensen zijn vaak niet blij met complimenten over hun werk, omdat ze niet weten of het eigenlijk om hun uiterlijk gaat. Een ander nadeel is dat ze vaak tobben over het handhaven van hun schoonheid met het verstrijken van de jaren. Vooral voor vrouwen is dat een onmogelijke opgave. De meeste mooie vrouwen leren pas later in hun leven een pijnlijke les die lelijke meisjes allang kennen: dat je moet werken aan kwaliteiten waar je na je 40e ook nog wat aan hebt. Misschien gaan anderen dan ook nog eens dat boek lézen, in plaats van alleen de kaft te bewonderen.

38 Ken jezelf: vertrouw op de ander

Ooit zouden toenmalig vriendlief en ik een weekje weggaan. We waren het eens over Barcelona. Maar toen de week dichterbij kwam en ik voorstelde te gaan boeken, bedacht hij dat het dichter bij huis net zo leuk was. Brugge bijvoorbeeld. Dan konden we met de auto, spontaan vertrekken wanneer we maar wilden, en als het slecht weer was gingen we gewoon terug om thuis vakantie te houden. Daar ging Barcelona! 'Ja hoor,' zei ik beschuldigend, 'je stuurt er gewoon op aan dat we maar drie dagen weggaan zodat je weer lekker kan gaan werken!' Dat viel niet goed. 'Waarom weet jij toch altijd beter wat ik wil dan ík?' zei hij nijdig. 'Al ben je dan psycholoog, je weet toch niet beter wat ik denk dan ik zelf!'

Jaren later, toen iemand dit bij mij deed ('Ach wat, principes! Het gaat er gewoon om dat je je zin wilt krijgen!'), begreep ik de irritatie. Maar nog meer jaren later las ik een artikel* waarin wordt aangetoond dat mensen weinig inzicht hebben in hun eigen gedrag. Zo
p. 139, 31
vinden we allemaal van onszelf dat we niet discrimineren, niet snel
p. 162 p. 13
klaar staan met ons oordeel, niet slijmen bij de baas, ons niet asociaal gedragen, niet roddelen en onze opvattingen niet laten
p. 40, 118
bepalen door eigenbelang. Dat zijn vooral andere mensen, die dat allemaal doen. (Reden waarom campagnes over asociaal gedrag vermoedelijk weinig effect hebben; niemand denkt 'Verrek, dat gaat over míj!')

---

* Pronin, E. & Kugler, M.B. (2007). Valuing thoughts, ignoring behavior: The introspection illusion as a source of the bias blind spot. *Journal of Experimental Social Psychology, 43*, 565–578.

Om te laten zien dat we ons vergissen in onszelf, lieten onderzoekers deelnemers in tweetallen een test voor sociale intelligentie maken. Ongeacht hun werkelijke score kregen alle tweetallen na afloop te horen dat de een heel hoog scoorde op de test en de ander juist laag. Toen ze hun eigen score wisten, werd aan ieder individueel gevraagd hoe betrouwbaar ze de test vonden. Wat denk je: zou je zelf de test minder betrouwbaar vinden als je laag scoorde? Nee natuurlijk, zo flauw ben jij niet. En de deelnemers aan dit onderzoek: vonden zij de test minder betrouwbaar als ze laag scoorden? Ja natuurlijk, zo zijn mensen. Dat bleek ook uit de resultaten.

Vervolgens werd aan de deelnemers uitgelegd dat mensen soms naar zichzelf toe redeneren, door de test minder betrouwbaar te vinden als ze slecht scoren en juist superbetrouwbaar als ze goed scoren. Er werd gevraagd of zij op die manier naar zichzelf toe hadden geredeneerd en of de andere deelnemer, aan wie ze gekoppeld waren, dat had gedaan. Deelnemers die een hoge score hadden gekregen, gaven aan dat de test gewoon echt betrouwbaar wás; van hun partner, die laag had gescoord en de test als niet erg betrouwbaar had beoordeeld, vonden ze dat deze naar zichzelf toe had geredeneerd. Omgekeerd zeiden deelnemers die zelf een lage score hadden dat de test écht niet zo goed was; ze hadden het idee dat hun partner aan zelfbedrog deed door de test heel betrouwbaar te vinden, alleen omdat hij zelf goed had gescoord.

p. 18

Dit betekent dat de deelnemers de neiging tot zelfverheffing (bij een goede uitslag) en zelfbescherming (bij een slechte uitslag) niet bij zichzelf herkenden, maar wel bij de ander. Omdat deze mechanismen – net als veel menselijke dwalingen – onbewust verlopen, heb je helemaal niet in de gaten dat je het zelf doet. Bij anderen zie je het wel, waardoor je mening over de ware drijfveren van anderen vaak beter klopt.

p. 51, 73

p. 28, 97

Kortom: wil je iets over jezelf leren, vertrouw dan op die zelfingenomen ander die beter dan jijzelf meent te weten wat jou drijft, wat je valkuilen en misvattingen zijn. Mensen weten dat over anderen inderdaad vaak het best. Maar laat dat geen reden zijn om nu, gewapend met dit verhaal, op je partner of collega af te stappen en te zeggen: 'Zie je nou wel!' Want irritant blijft het. En als je gelijk hebt is het nog veel irritanter.

Leedvermaak 39

Stel je voor: je hebt een collega, Fred, die vastbesloten is het ver te schoppen. Dat zal hem ook lukken, want hij weet zichzelf goed te verkopen en weet effectief de gevoelige snaren van mensen te bespelen door tegen de juiste persoon te slijmen, te netwerken en geen tijd te verspillen aan onbelangrijke mensen. Zijn carrière gaat als een komeet en binnenkort maakt hij waarschijnlijk een belangrijke promotie binnen jullie bedrijf.

p. 13

Op een dag zie je Fred bij de koffieautomaat met een senior manager die hierover beslist. Fred heeft een ongewoon nederige houding terwijl de manager zichtbaar kwaad is. Je vangt op dat hij 'erg teleurgesteld' is in Fred en dat dit 'absoluut gevolgen zal hebben voor de toekomst'. Later hoor je via de roddelkanalen dat een belangrijke klant ontevreden was over Freds werk, en dat Fred arrogant reageerde toen de senior manager hem hierop aansprak: 'Voor iemand die dat soort rare eisen stelt ga ik me niet lopen uitsloven, ik heb belangrijker dingen te doen,' had hij gezegd. Dat viel totaal verkeerd, dus die promotie kan hij nu wel vergeten.

Als je dit verhaal leest, heb je dan te doen met die arme Fred? Nee; als je net zo bent als de meeste mensen, denk je eerder: ha, lekker puh. Het verhaal roept leedvermaak op: plezier om de tegenslag van iemand anders. In de omschrijving van leedvermaak is belangrijk dat je niet zelf die tegenslag hebt veroorzaakt. Als je plezier hebt om leed dat je zelf toebrengt, is dat gemeen of sadistisch. Leedvermaak is een cadeautje: iemand anders veroorzaakt het leed.

Maar waarom is het fijn als iemand op z'n bek gaat? Wat schiet jij daarmee op? Het antwoord op die vraag is af te leiden uit onderzoek waarin is bekeken onder welke omstandigheden leedvermaak het sterkst is.* Zo voelen we meer leedvermaak als we de voorspoed van de ander onterecht vinden. In het voorbeeld klimt de collega hogerop doordat hij sluw en slijmerig is, dus zijn succes p. 148 is niet verdiend. Dat tast ons rechtvaardigheidsgevoel aan. Als de betrokkene dan onderuitgaat, wordt de balans weer rechtgetrokken. Het mooiste is wanneer dat gebeurt door zijn eigen toedoen, zoals in dit voorbeeld. Hij heeft de blamage echt verdiend, dus de gerechtigheid is gediend. Dat vinden we fijn, omdat we hierdoor kunnen blijven geloven dat de wereld toch rechtvaardig is.

De tegenslag moet wel in verhouding staan tot de ernst van wat de persoon verkeerd doet. Als Fred wordt gegijzeld en maandenlang afschuwelijk mishandeld, dan vinden we dat waarschijnlijk toch zielig – hoewel mannen op dit punt soms schrikbarend luchthartig zijn. Als iemand die ze niet mogen pijn ondergaat, dan prikkelt dat het pleziercentrum in hun brein, terwijl vrouwen dan toch meeleven met de slechterik en zich verplaatsen in wat deze ondergaat.

Een andere factor die leedvermaak beïnvloedt is zelfwaarde- p. 28 ring. Met name mensen die, al dan niet bewust, twijfels hebben over zichzelf, kunnen zich verkneukelen om de afgang van ande- p. 25 ren. Kennelijk speelt afgunst een grote rol. Als iemand alles goed voor elkaar heeft, kan dat ons een gevoel geven dat we minderwaardig zijn, vooral wanneer we toch al niet zo zeker zijn van onze waarde. Gaat die ander onderuit, dan lijken wij zelf opeens weer p. 189, 31 beter in vergelijking. Je eigen ego krijgt als het ware een duwtje omhoog wanneer het ego van de ander zakt. Zo kunnen we onze zelfwaardering verhogen door ons af te zetten op de blunders van anderen. Dit verklaart de populariteit van tv-programma's waarin mensen zichzelf voor gek zetten.

---

* Van Dijk, W.W., Ouwerkerk, J.W., Nieweg, M. & Pennekamp, S. (2005). Leedvermaak. In B. Doosje & A.H. Fischer (Red.). *Ik ben niet boos, maar teleurgesteld,* 44–54. Schiedam: Scriptum.

Eigenlijk is dat buitengewoon onnozel, want feitelijk word je zelf helemaal niet slimmer of leuker door de stommiteiten van een ander. Voel je je wrokkig tegenover iemand die de wonderboy of -girl uithangt, bedenk dan: leedvermaak is menselijk, en 'lekker puh' mag best even, maar zelf een goed leven leiden is de beste wraak.

40 Machtig denken

Wat hebben een tank, een rolstoel en een snowboard met elkaar gemeen? Machtige mensen zullen het antwoord op deze vraag sneller bedenken dan mensen die lager in de pikorde zitten, zo blijkt*. Macht heeft tot gevolg dat je abstracter gaat denken. Je bekijkt zaken van een afstandje, je let op de grote lijn. Je denken wordt soepeler en flexibeler. Daardoor zie je eerder dat een tank, rolstoel en snowboard alle drie te gebruiken zijn als vervoermiddel. Evenzo zul je een lift en een slee makkelijk in diezelfde categorie plaatsen, en zul je de letter in onderstaand plaatje eerder zien als een C dan als een verzameling S-en: je kijkt ruimer. Als je de baas bent over de bomen, zie je vooral het bos.

p. 67

Macht betekent onafhankelijk zijn van anderen: je hebt de vrijheid om jezelf te laten zien zoals je bent en je hoeft niet zo te letten op de directe omgeving, want je kunt zelf je gedrag bepalen en je omgeving beïnvloeden. Onderknuppels richten zich juist op details in de omgeving: wat wordt er van me verwacht, wat zijn mijn verantwoordelijkheden en verplichtingen, zijn mijn doelen p. 137 wel haalbaar en wat kan er allemaal misgaan. Bij machtige mensen is de blik verder weg gericht: ze letten niet zozeer op hóe ze hun doelen kunnen bereiken en de mogelijke obstakels onderweg, maar meer op het eindpunt waar ze naartoe willen. Ze zijn van 'grote stappen snel thuis', terwijl de ondergeschikte ondertussen p. 16 bezig is met muggenziften, op slakken zout leggen, mierenneuken en andere dieronvriendelijke neuzelarij. Het gedrag van ondergeschikten is hierdoor reactief, dat van bovengeschikten meer proactief: zij bepalen zelf de agenda. p. 68 p. 136

De verleiding is groot om te veronderstellen dat ze mede dankzij dat vermogen bovengeschikt zijn geworden, maar het blijkt ook omgekeerd te werken: als je mensen macht geeft (in het onderzoek op volkomen willekeurige gronden, op basis van toeval), of ze zelfs alleen maar laat dénken aan macht, gaan ze abstracter denken en zich meer richten op hun idealen en doelen. Plaats je diezelfde mensen juist in een machteloze positie, dan worden ze minder effectief in het bepalen wat wel en niet relevant is voor hun doelen, laten zich meer leiden door omstandigheden en verliezen hun doelen eerder uit het oog.

Vandaar misschien de uitspraak 'leidinggeven is omgaan met zeuren': je uit het lood laten slaan, klagen of je slachtofferig gedragen zijn allemaal typisch 'machteloze' reacties op tegenwerking. p. 44 De oplossing zou weleens contra-intuïtief kunnen zijn: juist als

---

* Smith, P.K. & Trope, Y. (2006). You focus on the forest when you're in charge of the trees: Power priming and abstract information processing. *Journal of Personality & Social Psychology, 90*, 578–596;

ondergeschikten zich zeurderig gedragen en over details emmeren, moet je ze meer macht geven, want dan gaan ze zich meer richten op 'the big picture' en zich proactiever gedragen.

Omdat macht deze effecten heeft, is het denkbaar dat dit verschijnsel de bestaande statusverschillen in organisaties in stand houdt. Die ruimere blik is immers nuttig voor iemand in een leidinggevende positie, terwijl denken aan details, verplichtingen, belemmeringen en korte-termijn-doelen je juist houdt op de plaats waar je zit. Wil je hogerop, dan moet je dus anders gaan denken. Een simpele truc is je voorstellen dat je al machtig bént: dit kan een doeltreffende manier zijn om je denken en waarnemen op een hoger plan te brengen. Ben je aan het mieren over kleinigheden, stel jezelf dan de vraag: wat zou ik doen als ik machtig was? Bijkomend p. 156 voordeel hiervan is dat je lichaamstaal ook meer gezag gaat uitstralen, waardoor mensen je als vanzelf meer macht gaan toekennen.

Omgekeerd ga je je ook machtiger voelen als je abstracter denkt. En iemand die zich machtig vóelt, gaat zich ook zo gedragen. In een ander onderzoek** moesten deelnemers een belangrijk doel in gedachten nemen; sommigen moesten nadenken over waaróm ze het wilden bereiken (abstract), anderen over hóe ze het wilden bereiken (concreet). De eerste groep ging zich machtiger voelen, had een sterkere voorkeur voor hoge-status-posities en een sterker gevoel van controle over de omgeving. Wil je hogerop, dan weet je wat je te doen staat.

** Smith, P.K., Wigboldus, D.H.J. & Dijksterhuis, A. (2008). Abstract thinking increases one's sense of power. *Journal of Experimental Social Psychology, 44*, 378–385.

Paringsdans 41

Ooit gingen jongens en meisjes naar aparte scholen, en in de meeste beroepen werkten mannen samen met mannen en vrouwen met vrouwen. Recent onderzoek in Nijmegen* wijst erop dat dit niet zo'n gek idee was, want de prestaties van (heteroseksuele) mannen gaan achteruit als er een vrouw in de buurt is.

Deelnemers aan het onderzoek hadden een gesprekje met een man of vrouw. Daarna kregen ze een taak die veel aandacht en concentratie vergt. Voor vrouwelijke deelnemers maakte het weinig uit of ze met een man of vrouw hadden gepraat, maar mannen presteerden slechter na interactie met een vrouw. En nóg slechter als die vrouw er leuk uitzag. Desgevraagd gaven de mannen die met een vrouw praatten vaker aan dat ze graag een goede indruk wilden maken, hetgeen hun zwakkere prestaties kan verklaren. Indruk maken is mentaal inspannend, en kennelijk waren hun cognitieve vermogens daardoor aangetast. p. 48

De effecten traden ook op bij mannen die al een relatie hadden. Ter verklaring opperen de onderzoekers dat mannen elke interactie met de andere sekse automatisch beschouwen als een *mating game* – een paringsdans, zeg maar. Mannen letten ook meer dan vrouwen op seksuele interesse van de andere sekse, en zijn zelfs geneigd om gewoon vriendelijk gedrag van vrouwen aldus te interpreteren, met als gevolg dat ze avances bespeuren waar die niet zijn. Tja, dan heb je het al gauw te druk in je hoofd. p. 43, 105

---

* Karremans, J.C., Verwijmeren, T., Pronk, T.M. & Reitsma, M. (2009). Interacting with women can impair men's cognitive functioning. *Journal of Experimental Social Psychology, 45*, 1041–1044.

De onderzoeksresultaten suggereren dat die paringsdans wat eenzijdig is; voor vrouwen maakte het niets uit of ze praatten met een man of vrouw. Maar zouden vrouwen echt geen indruk willen maken op mannen? Als vrouw meen ik te weten dat mijn seksegenoten soms ongehoord hun best doen als er een man in de buurt is. De borsten gaan vooruit, het hoofd koket opzij, de stem omhoog; er wordt gefrunnikt, gelachen en gegiecheld. p. 85 Vorige week nog zag ik opeens die behaagzieke bevalligheid bij een vriendin tevoorschijn floepen toen ik haar voorstelde aan... een *Intermediair*-redacteur! Het kan natuurlijk zijn dat vrouwen alleen zo doen bij extreem begerenswaardige mannen zoals *Intermediair*-redacteuren, en dat die er niet waren onder de deelnemers aan het Nijmeegse onderzoek. Maar ik heb een andere verklaring. Uit de resultaten bleek namelijk ook dat de vrouwen zeker wel een goede indruk wilden maken (evenveel als mannen bij een vrouw), alleen had dat niet zo'n ongunstig effect op hun prestaties. En: ze wilden niet alleen bij mannen een goede indruk maken, maar evenzeer bij vrouwen. Misschien doen vrouwen p. 128 sowieso altijd hun best om in de smaak te vallen, en zijn ze er dus meer in geoefend. Daardoor is het voor hen minder cognitief inspannend en heeft hun aandacht voor het werk er minder onder te lijden.

Maar dat is pure speculatie van mijn kant. Hoe dan ook is de conclusie dat mannen slechter presteren als er aantrekkelijke vrouwen in hun omgeving zijn. Moeten we dan terug naar gescheiden scholen en gescheiden werkplekken? Dat is vandaag de dag waarschijnlijk geen reële optie. Alle mooie vrouwen weren van de werkvloer eveneens niet, al was het alleen omdat de meeste mánnen zich tegen zo'n maatregel zullen verzetten. Bovendien: misschien is het juist goed als mannen gewoon veel oefenen met indruk maken tijdens het werk. Dus moet je ze vaak in contact brengen met mooie vrouwen die hun imponeerdrift flink prikkelen, dan raken ze daarin zo geoefend dat het op den duur vanzelf gaat. Een andere mogelijkheid is om mannen taken te geven waar ze vrouwen mee kunnen imponeren. De man slaat dan twee vliegen in één klap, hij maakt indruk op zijn vrouwelijke collega's én levert goed werk af.

42 Zelfreflectie

Zelfbewustzijn is een bijzondere vorm van bewustzijn, waarbij je zelf het object van je aandacht bent. Er zijn maar een paar diersoorten die dat kunnen, waaronder dolfijnen, chimpansees en mensen. Naargelang omstandigheden kan de mate van zelfbewustzijn nogal variëren. Als je solliciteert ben je flink zelfbewust, als je helemaal opgaat in een film juist niet. Pubers hebben vaak een hoog zelfbewustzijn: ze tobben hoe hun gedrag overkomt en bedenken na elk gesprek dat ze het anders hadden moeten zeggen (publiek zelfbewustzijn); ze mijmeren over wie ze zijn, wat ze voelen en wat het allemaal betekent (privé zelfbewustzijn). Dat is lang niet altijd prettig, hetgeen kan verklaren waarom ze graag te veel drinken: als je dronken bent, gaat je zelfbewustzijn omlaag. Voor jezelf is dat lekker, voor anderen niet altijd.

p. 103 Als mensen volwassen worden, vermindert die onevenredige aandacht voor het zelf. Ze richten hun aandacht op 'de zaak' waarmee ze bezig zijn en minder op 'wie ben ik' en 'wat vinden ze van me'. Aan de ene kant is dat goed: als je je steeds erg bewust bent van jezelf, kun je niet ontspannen en leef je in een heel klein wereldje. Een wereldje dat p. 92 je amper deelt met anderen; de rest van de wereld is immers niet met jou bezig. Aan de andere kant moet je soms toch even de aandacht op jezelf richten: hoe komt mijn gedrag over, ben ik niet te bot, hoe zou ik het vinden als iemand zo tegen mij deed als ik nu doe; en wat drijft mij eigenlijk, zijn mijn motieven wel zuiver, waarom wind ik me ergens over op? Allemaal zinnige vragen om jezelf af en toe te stellen.

Maar of zelfbewustzijn psychologisch gezond is, hangt af van p. 97, 152 hóe je over jezelf nadenkt*. Bij piekeren doe je dat op een tobberige manier; er is iets waar je onzeker over bent of wat je dwarszit, en je piekert omdat je er greep op wilt krijgen. Bij zelfreflectie denk je op een meer onbevangen manier over jezelf na, vanuit interesse en nieuwsgierigheid.

Piekeraars twijfelen over zichzelf; ze zijn onzeker of ze wel leuk, mooi of slim genoeg zijn, zoeken geruststelling en kunnen eindeloos blijven malen. Van piekeren word je depressief, je krijgt er niet meer zelfkennis van en je gaat er anderen al helemaal niet beter door begrijpen. De oplossing is: neem een vast pieker-halfuurtje in je dag, en stel het piekeren uit tot dat tijdstip. Bijvoorbeeld: 's avonds van half 9 tot 9 mag je zoveel piekeren als je wilt, maar verder niet. Bedenk dat piekeren bijna altijd tot doel heeft om iets (je uiterlijk, je gevoelens, je relatie, je baan, je baas) te beheersen of anders te maken dan het is. En dat dat nooit lukt. Telkens als je piekert, zeg dan tegen jezelf: wat als ik het gewoon accepteer zoals het is? Soms blijken dingen trouwens wonderbaarlijk in beweging te komen als je dat eenmaal doet. p. 104

Bij zelfreflectie is het niet je oogmerk iets te veranderen: je kijkt op een beschouwende manier, accepterend en vanuit oprechte fascinatie. Je kunt je verbazen over jezelf, of je eigen bedoelingen in twijfel trekken (zonder meteen jezelf te veroordelen). Je hoeft niks op te lossen, je vindt het gewoon leuk om iets over jezelf te leren. Mensen die veel aan zelfreflectie doen, kennen zichzelf beter en ze zijn ook empathischer naar anderen. Want door aandacht te geven aan je eigen gevoelens, kun je ook die van anderen begrijpen. (Piekeraars kunnen dat weer niet: die zijn te veel met zichzelf bezig.) Ook kun je bij problemen en conflicten reflecteren op je eigen rol en daarvan leren. Kijk naar sommige van onze politici, dan zie je wat er gebeurt als mensen niet aan zelfreflectie doen. Ook dat is leerzaam – voor ons dan. p. 58 p. 118

---

* Trapnell, P.D. & Campbell, J.D. (1999). Private self-consciousness and the five-factor model of personality. *Journal of Personality & Social Psychology, 76*, 284–304.

Test je zelfreflectie: www.zelfkennis.nl/testen › test zelfreflectie

43 Doen of aangedaan worden

Altijd als ik haast heb, kom ik achter een teutende automobilist terecht op een tweebaansweg. En altijd als ik dan eindelijk kan afslaan terwijl de teut rechtdoor moet, aarzel ik om richting aan te geven. Ik ben bang dat de teut het ziet in de achteruitkijkspiegel. En dan ook opeens afslaat om mij te blijven hinderen.

Misschien ben ik de enige die zulke rare gedachten heeft – alsof de teut erop uit is mij dwars te zitten. Maar het verschijnsel waar die gedachten uit voortkomen is heel algemeen: het automatisme om heel snel (té snel) opzet waar te nemen. Bij alles wat we meemaken, trekken we de conclusie dat er iemand is die dit effect beoogde. Zelfs als we op een beeldscherm twee balletjes achter elkaar zien bewegen, nemen we dit waar alsof het ene balletje achter het andere aan zit. Voor onze overleving is deze overschatting van opzet nuttig: als je in zee zwemt en je voelt iets aan je teen kriebelen, kun je maar beter voor schut staan door gillend naar de kant
p. 162 te rennen omdat je ten onrechte denkt dat het een haai is (vals alarm), dan je been kwijtraken omdat je ten onrechte denkt dat het een zeewiertje zonder bedoelingen is. Veiligheidshalve gaan we ervan uit dat de effecten van andermans gedrag door die ander worden beoogd, vooral als die effecten onszelf treffen.

Er is nog een reden om de mate van opzet in de wereld te overschatten: het geeft een illusie dat dingen niet lukraak en toevallig gebeuren. Ergens is altijd iets of iemand die deze dingen beoogt, in laatste instantie God, waardoor gebeurtenissen zin en betekenis
p. 94 krijgen. Bovendien geeft het een gevoel van controle: er zijn manieren om hogere entiteiten gunstig te stemmen en daarmee je levensweg te beïnvloeden.

Volgens de morele typecasting-theorie* delen wij de wereld in in *moral agents* – die doelgericht dingen tot stand brengen – en *moral patients*, die het doelwit zijn. Morele agenten zijn goed- of kwaaddoeners, zoals Florence Nightingale of Hitler; ze dragen verantwoordelijkheid, maken plannen en oefenen controle uit. De *patients* ondergaan en ervaren wat er gebeurt; plezier, pijn, gevoelens en bewustzijn zijn kenmerken die daarbij horen. We kunnen ons nauwelijks een *patient* voorstellen zonder een *agent*: als iemand iets moois of iets ergs overkomt, moet er ergens een *agent* zijn die dat beoogde. Desnoods God of een andere hogere macht. Bij natuurrampen bijvoorbeeld (een mooi voorbeeld van *patients* zonder *agent*) denken veel slachtoffers dat God erachter zit.

p. 136

p. 44

Zien we iemand eenmaal als *agent*, dan kunnen we ons diegene moeilijk ook als *patient* voorstellen: de persoon is getypecast in zijn rol. Dit betekent dat zo iemand – bijvoorbeeld Hitler of Ghandi – hoog scoort op eigenschappen die met doelgerichtheid samenhangen, en laag op typische *patient*-eigenschappen die met ervaren en voelen te maken hebben. Baby's scoren weer hoog op op dat laatste.

Degene die in onze beleving het hoogst scoort op *agency* is God (overigens op de voet gevolgd door Google**). God wordt niet gezien als drager van ervaringen en gevoelens, maar enkel als totstandbrenger. Paradoxaal genoeg, constateren de onderzoekers, is het glas dus half leeg voor God: hij wordt nauwelijks gezien als in staat tot ervaringen die wij zelf wel hebben. Dat is toch opmerkelijk voor iemand die almachtig is. Anderzijds, merken ze op, is Gods glas zeker ook half vol: het is ook opmerkelijk dat zoveel bedoelingen worden toegedicht aan iemand die we nog nooit gezien of

---

* Gray, K. & Wegner, D.M. (2009). Moral typecasting: Divergent perceptions of moral agents and moral patients. *Journal of Personality & Social Psychology, 96*, 505–520.

** Gray, K. & Wegner, D.M. (2010). Blaming God for our pain: Human suffering and the divine mind. *Personality & Social Psychology Review, 14*, 7–16.

gehoord hebben. Dat heeft weer te maken met onze onuitroeibare behoefte een bedoeling te zien achter alles wat ons overkomt.

Op die manier bekeken is mijn teutende automobilist dus een *moral agent* die mij oponthoud toebrengt, en is het niet aangeven van mijn richting mijn manier om te bidden dat hij weggaat. Het werkt!

Met een beetje hulp van je vrienden

44

Om hogerop te komen, moet je anderen overtuigen van je talenten. Maar over jezelf zeggen dat je goed bent, hoe voor de hand liggend ook, is niet de beste manier. Het kan opschepperig, arrogant of berekenend overkomen. Daarmee verlies je de sympathie en je 'gunfactor' – en ben je nog verder van huis. p. 37, 48

Een sociaal-wetenschappelijke analyse van dit probleem gaat ongeveer als volgt. Soms is het makkelijk een gevolgtrekking te maken over welke eigenschap aan iemands gedrag ten grondslag ligt: iemand die met de vuist op tafel slaat, is kwaad; iemand die steelt, is oneerlijk. Er zijn weinig andere conclusies denkbaar bij zulk gedrag. Maar welke gevolgtrekking maak je over iemand die zijn aankoop bij de kassa afrekent? Daarvoor zijn vele redenen denkbaar, variërend van de oprechte overtuiging dat de winkelier het geld heeft verdiend tot angst om door een winkeldetective in de kraag te worden gegrepen. Iets vergelijkbaars speelt wanneer iemand zegt: 'Ik ben geknipt voor dit werk.' Deze persoon wil misschien oprecht anderen erop attent maken dat ze hem nodig hebben. Maar het is ook mogelijk dat hij zich tekortgedaan voelt en erkenning wil. Of dat hij meer geld wil of een grotere kamer. Of gewoon een blaaskaak is die vindt dat ie het erg goed met zichzelf heeft getroffen. Omdat zoveel gevolgtrekkingen denkbaar zijn, is de conclusie waarschijnlijk níet: 'Hij zegt dit omdat het zo is.' p. 139

Maar wat als iemand ánders zegt: 'Hij is geknipt voor dit werk'? Dan kan blaaskakerij of eigenbelang niet het motief zijn, dus nemen we eerder aan dat het klopt. Deze redenering is het startpunt geweest van een serie onderzoeken*. In een daarvan las een groep deelnemers een stukje van een sollicitatiebrief waarin de sollicitant beweerde heel bekwaam te zijn; een andere groep las dezelfde tekst, maar dan uit een referentiebrief van de baas van de sollicitant. Degenen die de referentiebrief lazen, vonden de sollicitant bekwamer en minder irritant. Ook uit vervolgstudies in andere settings bleek dat mensen meer waarde hechten aan aanprijzingen van een derde dan van de betrokkene zelf. Als je een goede indruk wilt maken, op welk terrein dan ook, is het dus effectief iemand anders in te schakelen om je aan te prijzen.

Bij negatieve informatie maakt het niet uit: als iemand over zichzelf zegt 'Ik ben hier niet goed in', dan geloven we dat net zo goed als wanneer een ander het zegt. Logisch: er zijn voor zo'n uitspraak veel minder mogelijke motieven te bedenken. Iemand kan misschien heel onzeker zijn, of de lat voor zijn prestaties lager willen leggen, maar doorgaans kunnen mensen met negatieve uitspraken over zichzelf weinig anders beogen dan de werkelijkheid onthullen. Zulke uitspraken zijn dus goed voor je geloofwaardigheid. Maar juist omdat ze worden geloofd, kun je ze beter niet te vaak doen.

De onderzoekster bestudeerde ook situaties waarin juist de motieven van de buitenstaander dubieus zijn. Stel dat de baas die de referentiebrief schrijft graag van die werknemer af wil; dan bezie je de aanbeveling in een ander daglicht. Ook uitspraken van de ene collega over de andere worden anders bekeken wanneer bekend is dat de twee een pesthekel aan elkaar hebben. Een negatieve uitspraak zegt dan weinig, een positieve juist heel veel.

Toch bleek dat mensen soms te weinig rekening houden met de
p. 171 mogelijke verborgen motieven van de boodschapper, met name wanneer het ging over iemands bekwaamheid. Aan- en afbevelin-

---

* Brandt, A.C. (2010). *Being talked about: How the source and the message affect person impressions.* Academisch proefschrift, Radboud Universiteit Nijmegen.

gen van een verdachte boodschapper kunnen dus wel effect hebben. Denk aan roddelen en moddergooien. Dat zien we ook altijd weer in verkiezingstijd, wanneer het toch echt heel doorzichtig is dat de moddergooier er zelf belang bij heeft. Je zou dan eigenlijk vooral een gevolgtrekking moeten maken over de moddergooier. Maar dankzij de onoplettendheid van de kiezer is de bemodderde toch vaak de klos.

p. 48

PRO
ACTIEF

Pro-actief 45

'Pro-actief' staat in de top-100 van de ergste 'vaagtaal', als overbodige en onduidelijke personeelspraat die in bijna geen enkele personeelsadvertentie meer ontbreekt. Dat is jammer, want ook al wordt het woord veel misbruikt, het beschrijft een kwaliteit waar we allemaal meer van kunnen gebruiken.

Want veel mensen stellen zich op als *slachtoffer*, passief ('Dat moet mij weer overkomen', 'Niemand gunt mij hier iets', 'Zo zal het nooit lukken') of als *vechter*, reactief ('Ik pik het niet', 'Ik sta voor mijn recht', 'Het is hier altijd hetzelfde gesodemieter'; kont tegen de krib en hakken in het zand). Terwijl hun leven en dat van hun naasten zoveel gemakkelijker zou zijn als ze zich gedragen als *kleine zelfstandige*, pro-actief: dit is mijn winkel en die laat ik zo goed mogelijk draaien. Ook als kleine zelfstandige loop je tegen obstakels aan, maar dan kijk je wat de beste oplossing is in de gegeven situatie. Je verspilt geen energie aan gemekker. Heb je hulp nodig, dan bedenk je wat de ander voor je kan doen. 'Ik heb een probleem, en dit kun je doen om me ermee te helpen' is effectiever en sympathieker dan het 'boe-hoeoe' en 'bah' van slachtoffer en vechter. p. 44

Als kleine zelfstandige heb je een eigen 'ondernemersplan'. Daardoor weet je waar je naartoe wilt en kun je de regie in handen nemen, in plaats van alleen te reageren op wat er om je heen gebeurt. Maar zelfs als je dit interne kompas goed hebt ontwikkeld, kan reactief gedrag nog vaak genoeg de kop opsteken. Je wordt emotioneel en vergeet eerst tot tien te tellen, je volgt impulsief een *spur-of-the-moment*, je laat je op sleeptouw nemen door de waan van de dag, je laat je overdonderen of raakt de weg kwijt als er veel op je afkomt. Met ons zogenoemde *impulsieve systeem* kunnen we p. 154

p. 162 snel en primair reageren, op basis van onze instincten en *gut feelings*. Het impulsieve systeem werkt altijd, het kost ons geen enkele moeite, het werkt automatisch en zal altijd het roer in handen nemen als we moe zijn of in een noodsituatie. Dat gaat vaak goed, maar net als andere dieren reageren we dan op de prikkels om ons heen en bepalen we niet zelf de agenda.

Om pro-actief te kunnen zijn, hebben we ons zogenoemde *reflectieve systeem* nodig, waarmee we plannen kunnen maken, de hoofdlijn bewaken, lange-termijn-doelen stellen en bewaken, tij-
p. 88, 130 delijke impulsen onderdrukken waardoor we op koers blijven, plannen afstemmen op veranderingen in de omgeving, en geregeld pas op de plaats maken om te bezien waar we staan en waar we naartoe gaan. Dit systeem doet een beroep op onze innerlijke CEO, die zetelt in onze prefrontale kwab; een deel van de hersenen dat bij mensen relatief goed ontwikkeld is (ongeveer ⅓ van de cerebrale cortex; bij katten is dat bijvoorbeeld 1/30), maar bij jonge mensen niet: pas na je 30e is de interne CEO volledig ontwikkeld. Voor die tijd kun je dus beter geen lange-termijn-plannen maken: je werkt met een CEO die nog niet helemaal wakker is.

Het reflectieve systeem werkt niet vanzelf. Je moet je hoofd erbij houden en af en toe je eerste neiging onderdrukken of uitstellen. Je moet soms even achteroverleunen en 'uitzoomen' voor de helikopter-view. Omdat de CEO een beperkte capaciteit heeft, wordt hij snel moe. Als je aan de lijn doet én een zeurkous vriendelijk te woord staat én hard werkt aan iets dat je niet inspireert, dan is aan het eind van de dag de CEO uitgeput en nemen de impulsen het over. Daar komen al die opgestoken vingers in de file naar huis vandaan.

De CEO wordt wel steeds fitter als we hem vaak gebruiken – oefening baart kunst –, maar dat gebeurt in onze cultuur te weinig. We
p. 46 reageren vanuit onze impulsen ('Ik voel het zo'), we verdragen weinig ongemak, we sjoemelen met ons 'ondernemersplan' en geven anderen de schuld als het fout loopt. 'Pro-actief' *zeggen* is blijkbaar heel wat makkelijker dan het *zijn*.

Zijn topvrouwen bitches?

46

Nederlandse topbestuurders vinden dat vrouwen aan de top te weinig vrouwelijke kwaliteiten hebben, zoals zelfreflectie p. 128 en het aanvoelen van de omgeving. Deze conclusie roept het stereotiepe beeld op van 'bitch' en 'haaibaai': vrouwen die hun ambities laten blijken en zichzelf stevig neerzetten, zonder al te veel interesse in de ander – eigenlijk ongeveer zoals je dat bij mannen vaak ziet. Tja, topbestuurders zijn ook maar mensen en kunnen dus ook ten prooi zijn aan stereotypen, p. 80, 31 in dit geval over carrièrevrouwen. Maar wellicht moeten we ook erkennen dat vrouwen die hogerop komen veel nuttige en aardige vrouwelijke kwaliteiten verliezen. Bekend is bijvoorbeeld het *queen-bee*-effect: vrouwen aan de top oordelen vaak negatiever dan wie ook over andere vrouwen, in plaats van solidair p. 48 te zijn met hun seksegenoten.

Misschien hebben carrièrevrouwen het idee dat als ze echt mee willen doen op topniveau, ze zich net als de mannen moeten gedragen. Dit is een algemeen verschijnsel bij lage-status-groepen. Als je vroeger op school bij het hippe kliekje wilde horen, moest je net zo stoer doen als zij en zodoende je meer ingetogen, bedachtzame kwaliteiten opgeven. Misschien passen vrouwen zich evenzo onbewust aan mannen aan, om op topniveau mee te kunnen spelen. Daarmee raken ze de *female touch* kwijt die we juist zo hard nodig hebben. Men zegt weleens: als vrouwen de wereld zouden besturen, zou er meer aandacht zijn voor integriteit, duurzaamheid, samenwerking en harmonie. Het bankendebacle was nooit gebeurd, mensen hadden geen ellebogen als zwaarden nodig, het kleine en weerloze zou worden beschermd. Maar dat geldt alleen als vrouwen genoeg zelfvertrouwen hebben om hun vrouwelijke kwaliteiten in ere te houden. Alleen op die manier kan een omslag worden bereikt. Op lange termijn zou de ontwikkeling van vrouwelijke kwaliteiten aan de top (bij vrouw én man) zelfs de redding p. 151, 21 kunnen zijn van onze economie, ons klimaat en onze moraal.

p. 94 Het is dus de hoogste tijd dat opklimmende vrouwen goed advies krijgen. Moeten ze dan het advies volgen van de topbestuurders, en zich wat vrouwelijker en socialer gedragen? Die bestuurders gáán er immers over, zij moeten de vrouwen in hun *old boys network* opnemen. Maar weten zij zelf eigenlijk wel waarom ze een vrouw al dan niet geschikt vinden? De gedachte dat mensen kunnen aangeven waarom ze iemand wel of niet zouden aannemen of bevorderen, berust op een algemeen misverstand: dat mensen weten waarom ze doen wat ze doen en hoe ze tot hun keuzes en p. 28, 116 voorkeuren komen. In feite zijn onze beweegredenen niet toegankelijk voor ons. We hebben vaak wel die illusie. Ongemerkt bedenken we een verklaring voor onze voorkeuren: 'Ik stem op deze partij omdat ik het helemaal eens ben met hun opvattingen over X.' 'Ik kies sollicitant A omdat hij leiderschap toonde.' Het lijkt alsof we onze redenen en motieven rechtreeks in ons binnenste hebben p. 41 aangetroffen via introspectieve weg. Maar uit psychologische experimenten blijkt dat die bedenksels vaak niet overeenkomen met onze werkelijke drijfveren.

De processen die onze beslissingen, keuzes en voorkeuren bepalen, verlopen onbewust. Als je mensen vraagt naar het waarom van hun keuzes, geven ze in alle oprechtheid hun theorieën en bedenksels hierover. Zo zeggen mensen dat ze stemmen op de standpunten van een partij en niet op de persoon van de lijsttrekker; experimenteel onderzoek laat daarentegen zien dat de persoon vaak doorslaggevend is, en dat mensen de standpunten van een charismatische persoon meer op hun eigen standpunt vinden lijken dan precies dezelfde standpunten verwoord door een grijze muis. Daardoor kan het makkelijk lijken alsof het standpunt hen heeft overtuigd.

Om de werkelijke motieven van mensen in kaart te brengen, is experimenteel psychologisch onderzoek nodig. Uit dat soort onderzoek blijkt dat vrouwen die zichzelf verkopen – door hun kwaliteiten onder de aandacht te brengen en zich zelfverzekerd en ambitieus te gedragen – eerder gehaaid en arrogant worden gevonden dan mannen die precies hetzelfde doen.* Selecteurs kunnen zich hiervan volledig onbewust zijn. Zij kunnen domweg 'geen goed gevoel over de kandidaat' hebben (en daar desgevraagd ook nog een goede reden bij verzinnen), zonder te beseffen waar het 'm in zit. p. 186, 48

Dit betekent dat vrouwelijke sollicitanten een balans moeten vinden op een uiterst smalle evenwichtsbalk. Aan de ene kant kunnen ze eraf vallen door assertief en zelfverzekerd te zijn, aan de andere kant door bescheiden te zijn. Want als je niet rondtettert dat je goed bent, dan gebeurt er ook niks.

Uit vervolgonderzoek** werd duidelijk dat er een remedie is: vrouwen kunnen zichzelf wél stevig neerzetten als ze daarbij ook stereotiep vrouwelijke kenmerken tonen. Die hebben te maken met wat weleens de jij-dimensie wordt genoemd; bijvoorbeeld gerichtheid op samenwerking, empathie, interesse en waardering tonen voor anderen. De kunst is om de balans te vinden tussen die vrouwelijke aandacht voor anderen en het meer hanige van de toren blazen; dan zorg je ervoor dat je ondanks zelfpromotie toch de sympathie behoudt. p. 110

Maar welke directeur of bestuurder zal ooit zeggen: 'Ik kan dat gehaaide gedrag wel hebben van vrouwen, maar dan moeten ze

---

* Rudman & Glick (1999). Feminized management and backlash toward agentic women. *Journal of Personality & Social Psychology, 77,* 1004–1010.
Nauts, S. & Vonk, R. (2009). Het Backlash-effect in Nederland: Waarom pittige vrouwen in Nederland niet aan de top komen. *Jaarboek Sociale Psychologie* deel 8, ASPO-press.

** Rudman, L. A. & Glick, P. (2001). Prescriptive gender stereotypes and backlash toward agentic women. *Journal of Social Issues, 57,* 743–762.

p. 13
wat meer tegen me slijmen. Dan zweven ze wat mij betreft fluitend door dat glazen plafond!' Dat hoor je mensen nooit zeggen. Als mensen effectief zijn beslijmd, zeggen ze: 'Ik heb die persoon promotie gegeven vanwege haar capaciteiten. Uitstekende sociale vaardigheden. En een goeie kijk op mensen!' Zo leven beiden nog lang en gelukkig.

Feedback geven 47

Ik begeleid een leuke, slimme studente. Zij schreef een prima werkstuk in opdracht van een extern bureau. Ik gaf haar een 8 en zei dat het werkstuk misschien een opstapje kon zijn naar een stage bij dat bureau, omdat ze interessante ideeën had en enthousiast was over de samenwerking. Ze besloot de opdrachtgever daarover eens te polsen.

Toen ik haar later weer zag, zei ze dat het helaas allemaal wat vaag was gebleven. De opdrachtgever had geen oordeel gegeven over het werkstuk, maar vroeg haar of ik al een cijfer had gegeven. Op haar antwoord dat ze een 8 had, zei hij: 'Dat is een heel mooi cijfer.' Dit maakte haar onzeker; had hij een lager cijfer verwacht? Hoewel er eerder al was gesproken over een mogelijke stage, kwam hij daar nu niet op terug. De studente dacht dat hij haar werk misschien helemaal niks vond, omdat hij zich op de vlakte hield. Ze durfde niet te beginnen over een stage. De opdrachtgever zei dat haar werkstuk veel nuttige informatie had opgeleverd, wat zij interpreteerde als: 'Hij weet voldoende, dus ik kan gaan.' Voorzichtig peilde ze: 'Dus jullie hebben geen nieuwe input meer van mij nodig?' Nou, alle input is welkom hoor, vond de opdrachtgever.

Toen ze dit verhaal vertelde, leek het mij dat er twee heel verschillende interpretaties mogelijk waren. Eén was dat hij inderdaad niet met haar verder wilde en haar op een vriendelijke manier afpoeierde. Een andere was dat hij, zoals zoveel mensen, niet zo goed was in feedback geven. En misschien wilde hij het werkstuk niet beoordelen omdat hij zich niet wilde aanmatigen in de schoenen van de hoogleraar te gaan staan. En had hij om die reden gevraagd wat ik ervan vond.

Ik legde haar dit voor en zei: 'Wat let je om gewoon nog eens te vragen: "Wat vond u nou eigenlijk van mijn werkstuk? Wilt u nog verder met mijn ideeën?"' Ja, daar zeg je wat, vond ze. Dat zou natuurlijk een volkomen zinnige vraag zijn, maar stel nu dat het antwoord inderdaad negatief is...

Ik vermoed dat deze overweging vaak wordt gemaakt door p. 97, 152 mensen die gebrekkige feedback krijgen. Vanuit hun onzekerheid p. 94 (vooral bij vrouwen) halen ze zich in hun hoofd dat hun werk onvoldoende is. En die conclusie willen ze liever niet ijskoud op tafel hebben. Dus gaan ze de vraag uit de weg die steeds op de achtergrond van hun gedachten dreint. Bijvoorbeeld de vraag of men je werk wel goed genoeg vindt, of in hoeverre men jouw rol bij een overleg of jouw bijdrage aan een project wel nuttig vindt. Bij gebrek aan informatie over wat de ander van je vindt, is er alle ruimte voor p. 65 je eigen twijfels en gevoeligheden om het plaatje in te vullen en zelfs volledig te beheersen.

Wat je moet bedenken om je te bevrijden uit deze benarde onzekerheid, is onthutsend simpel: als de ander je werk inderdaad slecht vindt, dan ís dat al zo! Dat waar je bang voor bent, is dan allang realiteit. Of je het nu vraagt of niet, het ís al waar. Het ergste wat je met een expliciete vraag bereikt, is dat een waarheid die al bestaat wordt uitgesproken. Als men je werk inderdaad niet waar- p. 51, 128 deert, dan doet dat pijn. Dan ga je je wonden likken en daarna kun je weer verder. Je kunt met de ander in gesprek gaan, nieuwe besluiten nemen, andere plannen maken: zodra de waarheid in beeld mag komen, liggen opeens weer vele wegen open, omdat je niet steeds die ene weg hoeft te mijden. Vindt de ander je werk wél goed, dan is dat ook prettig om te weten. Er valt een grote last van je af; de last die je zelf had gecreëerd.

Zo ook in dit geval. De opdrachtgever was dik tevreden en wilde graag verder met de studente. Hij had geen oordeel gegeven over het werkstuk en niet gevraagd of een stage mogelijk was, omdat hij mij niet wilde passeren. Zo is er altijd een reden om mensen weinig feedback te geven. Met name positieve feedback wordt nogal eens vergeten, waardoor veel ruimte ontstaat voor de ruis die mensen zelf creëren met hun eigen onzekerheden. Als opdrachtgever of leidinggevende is het goed daarbij stil te staan, omdat je mensen zoveel blijer, leuker en effectiever kunt maken door ze geregeld te vertellen wat je van hun werk vindt.

48 Vrijheid

Je hebt hard gewerkt en je bent er helemaal aan toe om uit te gaan en je lekker te laten gaan. Maar je werk is nog niet klaar en je moet het overmorgen presenteren. Als je vanavond doorwerkt en nog even alle zeilen bij zet, is het af en kun je de presentatie op tijd voorbereiden. Overmorgen uit dan, om het te vieren. Anderzijds: zou juist nu een verzetje niet heel lekker zijn?

Vaak kunnen we kiezen: korte termijn plezier of lange termijn nut en voldoening. Het tweede vergt nogal eens dat je 'jezelf geweld aandoet', weerstanden overwint, behoeftes onderdrukt of p. 130 'jezelf bij elkaar raapt'. Dat is vermoeiend, het kan zelfs uitputtend zijn. Zo bleek uit een onderzoek* dat hongerige mensen die alleen radijsjes mochten eten en van een schaal geurige chocoladekoekjes moesten afblijven, het vervolgens minder lang volhielden bij een vervelende puzzeltaak: door het beheersen van hun verlangen naar de koekjes waren ze mentaal uitgeput. Zelfbeheersing blijkt zelfs letterlijk energie te kosten: het vreet glucose, de energieleverancier van het lichaam en de hersenen. Maar ja, zoals je moeder vroeger al zei: als je wat wilt bereiken kun je niet alsmaar doen waar je zin in hebt en vretend, drinkend, seksend en voor de tv hangend door het leven gaan. Je moet jezelf af en toe vermannen en een schop onder je kont geven.

Recent onderzoek** wijst erop dat mensen dit eerder doen als ze geloven in keuzevrijheid dan als ze geloven dat alles al is bepaald of voorbestemd – hetzij door God, karma, een hoger plan, of new-age-achtig 'omdat de dingen gaan zoals ze gaan, in hun eigen tempo'; hetzij doordat je genen en je geschiedenis bepalen wat je doet en je zelf alleen maar de *illusie* hebt dat je dit kiest. Eerder was al gebleken dat mensen die geloven in predestinatie vaker de boel bedonderen bij een test of geld stelen als ze de kans krijgen, en zich minder behulpzaam gedragen dan mensen die in vrije wil geloven. Nu blijkt ook dat de vrijheids-gelovigen betere prestaties leveren op hun werk. Werknemers van een uitzendbureau werden beoordeeld door hun directe leidinggevende op hun werkplek, op verschillende kenmerken zoals inzet, prestatie, betrouwbaarheid en positieve invloed op anderen. Hoe meer een werknemer geloofde in vrije wil, des te positiever werd deze beoordeeld – terwijl de leidinggevende helemaal niets wist over de levensfilosofie van de werknemer. Mensen die geloven in vrije wil gedragen zich dus niet alleen moreler en socialer, maar zijn ook effectiever op de werkvloer. p. 76

Uit aanvullende gegevens bleek dat dit niet verklaard kon worden door andere kenmerken, zoals vitaliteit, optimisme of arbeidsmoraal. De onderzoekers verklaren hun resultaten op basis van de redenering dat een goede arbeidsprestatie zelfbeheersing vraagt, net als moreel gedrag: niet te makkelijk toegeven aan je impulsen, maar even doorbijten. Omdat dit vervelend en vermoeiend is, zullen mensen die niet in vrije wil geloven, eerder toegeven aan hun luimen; zij nemen aan dat het 'toch al bepaald is' wat ze doen en hoe het verder gaat, dus de inspanning van wilscontrole lijkt zinloos. (En misschien werkt het ook wel omgekeerd: dat mensen die slecht zijn in zelfcontrole maar gaan geloven dat ze eigenlijk geen keus hebben, om zichzelf te sussen.) p. 88, 21, 187

Deze onderzoeksresultaten illustreren een cruciaal kenmerk van keuzevrijheid. In de woorden van onderzoeker Roy Baumeister: 'De meeste mensen denken dat "vrije wil" betekent dat je kunt

---

* Muraven, M. & Baumeister, R.F. (2000). Self-regulation and depletion of limited resources: Does self-control resemble a muscle? *Psychological Bulletin, 126*, 247–259.

** Stillman, T.F. e.a. (2010). Personal philosophy and personnel achievement. *Social Psychological & Personality Science, 1*, 43–50.

doen wat je wilt. Maar het is juist andersom: we gebruiken onze vrije wil om ons in te houden.' Immers, als je alleen maar doet wat

p. 46, 141 'je gevoel je ingeeft' ben je net zo onvrij als andere dieren. Nee, het is geen lolletje om vrij te zijn...

Manipuleren 49

Toen ik nog onderaan de universitaire ladder stond, ontdekte ik een truc om mijn hoogleraar te beïnvloeden. Hij had – net als ik nu – niet meer zo'n goed geheugen voor details. Als ik een idee had voor een onderzoek of een artikel, deed ik alsof het van hem kwam. Dan zei ik: 'Vorige keer zei je dat we misschien X konden doen. Daar heb ik nog eens over nagedacht en dat leek me een goed plan. Kunnen we dat idee eens doorspreken?'

Hij was dan om te beginnen aangenaam verrast dat ik eens niet dwars lag en zijn idee goed vond, maar dat was niet het belangrijkste effect. Hij ging zich afvragen waarom hij dat leuke idee geopperd kon hebben of wat hij bedoeld had. Bijna altijd leidde dat tot een geanimeerd gesprek waarin we het plan gezamenlijk uitwerkten.

De truc is gebaseerd op het simpele feit dat mensen meestal maar gissen naar het waarom en hoe van hun keuzes en creatieve invallen. Ook van hun werkelijke, eigen keuzes. Kun je mensen wijsmaken dat ze een bepaalde voorkeur, mening of idee hebben, dan gaan ze dus op de gebruikelijke manier reconstrueren hoe ze daartoe gekomen zijn. Omdat mensen bovendien aannemen dat ze zinnige dingen doen en bedenken, denken ze niet 'Ach, ik zei maar wat'; ze zoeken naar een zinnige verklaring. Een verklaring waar ze zelf in geloven. Hun latere gedrag zal hiermee consistent zijn, want ze hebben zichzelf ervan overtuigd dat het een goed idee is.

p. 28, 116

p. 65, 118

Dit verschijnsel werpt een nieuw licht op een ijzersterke psychologische wet: dat je het toekomstige gedrag van mensen het best voorspelt door naar hun gedrag uit het verleden te kijken. Koffiedrinken, bumperkleven, uit je neus eten: als iemand het vandaag doet, kun je er donder op zeggen dat ie het morgen weer doet.

Voor een deel komt dat door gewoontevorming. Neem je altijd de trap in plaats van de lift, dan gaat dat vanzelf en hoef je er niet over na te denken. Maar het bedenken van redenen voor je eerdere gedrag blijkt daarnaast ook een rol te spelen.

Zo kun je mensen wijsmaken dat ze onbewust – getuige hun fysiologische reacties – een voorkeur hebben voor een politicus; vervolgens gaan ze die politicus ook meer waarderen. Er is nog een andere truc om iemands beeld van eigen gedrag te manipuleren. In een onderzoek* werd aan deelnemers gevraagd drie voorbeelden op te schrijven van wanneer ze de trap hadden genomen in plaats van de lift; een andere groep kreeg dezelfde vraag maar moest acht voorbeelden opschrijven. De meeste mensen kunnen bij deze vraag vijf à zes voorbeelden noemen, dus de eerste opdracht is erg makkelijk en de tweede juist moeilijk. De paradox is: bij de moeilijke opdracht denken mensen: 'Poe dat valt tegen; kennelijk neem ik niet zo vaak de trap!' Moeten ze drie voorbeelden noemen, dan is dat juist makkelijk en concluderen ze dat ze kennelijk vaak de trap nemen; anders zouden ze niet zo snel voorbeelden weten. Inderdaad bleek dat deelnemers in de 'drie'-groep de indruk hadden dat ze vaker de trap namen dan in de 'acht'-groep. Hierdoor hadden ze ook positievere ideeën over het nemen van de trap en waren ze van plan dat in de toekomst vaker te doen. Hetzelfde resultaat werd gevonden bij het noemen van drie versus acht voorbeelden van 'iets aardigs doen voor de medemens'. Deelnemers die er drie moesten bedenken, bleken zich daarna socialer te gedragen dan deelnemers in de andere groep, die zichzelf kennelijk als minder behulpzaam waren gaan zien.

p. 143 Wil je iemands gedrag verbeteren, dan moet je dus juist niet gaan vertellen wat ie fout doet. Je moet benadrukken wat ie goed doet; doet ie niks goed, dan verzin je gewoon wat – als ie er zelf maar in kan geloven.

---

* Armitage, C.J. (2007). Changing past behavior without means of a time machine. *Social Cognition, 25*, 761–777.

Moraal 50

Er was weer eens een relletje binnen de katholieke kerk. Een meisje van 9 was zwanger na misbruik door haar stiefvader. Haar moeder werd geëxcommuniceerd door de kerk nadat ze had geprobeerd een abortus te regelen. Als buitenstaanders zien we met verbijstering dat de stiefvader in de kerk mocht blijven, terwijl zijn gedrag veel 'fouter' was. Vanuit de katholieken bekeken zit het verschil in de belangrijkste grondregel, dat het menselijk leven heilig is. Moeder wilde het ongeboren leven beëindigen en dat was erger.

Deze onthutsende moraal komt voort uit het consequente, tot in het absurde toepassen van een regel. In het algemeen doen conservatieve mensen dit sterker dan liberalen: ze baseren hun morele overtuigingen op regels. Die geven houvast en maken discussie onmogelijk: het staat nu eenmaal zo geschreven.

Dit beroep op regels en wetten staat in contrast met hoe normen over goed en fout feitelijk tot stand komen. Psychologisch onderzoek laat zien dat morele beslissingen voortkomen uit onderbuikgevoelens en volkomen intuïtief zijn. p. 148 Stel dat je bij een treinspoor staat. In de verte komt een trein aandenderen. Je ziet vijf spoorwegwerkers die dat niet in de gaten hebben en straks gewis door de trein verpletterd worden. Je kunt met een schakelaar de wissels omzetten waardoor de trein van spoor verandert. Dan zal één man omkomen die op het andere spoor staat, en dan red je er vijf. Wat doe je? Neem een besluit, vraag het ook even aan mede-aanwezigen en lees dan verder.

Nu een beetje anders. Je staat op een brug boven het spoor. De trein komt straks onder je door en zal vijf spoorwegwerkers verpletteren. Naast je op de brug staat een grote dikke man. Hij leunt naar voren. Als je hem een duwtje geeft valt hij op het spoor en zal de trein hem overrijden. Dankzij zijn enorme gewicht staat de trein dan stil, en is het leven van die andere vijf gered. Wat doe je?

Als je net zo reageert als de meeste mensen (85 procent), maak je in het eerste scenario een rationele keus (vijf levens redden door er één op te offeren) maar in het tweede niet. Het gaat hevig tegen ons gevoel in iemand pardoes onder een trein te duwen. Dan hebben we hem vermoord. In het eerste geval hebben we dat ook, maar het vóelt anders, meer als een neveneffect. Het tweede probleem roept in de hersenen meer emotionele activiteit op dan het eerste. Emoties sturen veel van onze morele keuzes. Achteraf verzinnen we er een rationeel verhaal bij, waardoor het lijkt alsof onze oordelen na rijp beraad tot stand komen. Maar in feite worden ze razendsnel gevormd. Vraag eens aan mensen wat ze vinden van iemand die zijn eigen, zojuist overreden hond opeet. Of iemand die een dode kip koopt en er iets ontuchtigs mee doet voordat ze de pan in gaat. Direct zullen ze vervuld zijn van afschuw en het moreel verwerpelijk vinden. Waarom eigenlijk? Wie lijdt er onder dit gedrag? De afschuw is enkel emotie.

We zien onszelf als moreel superieur, als enige diersoort in staat tot ethische afwegingen. In feite zijn onze morele oordelen gebaseerd op primitieve instincten. p. 21, 141 Net als bij veel andere dieren zijn die gekoppeld aan inlevingsvermogen, gevoelens van verbondenheid, rechtvaardigheid en sociale regels zoals wederkerigheid. Het verschil is dat wij er achteraf verhaaltjes bij verzinnen p. 28, 139 of desnoods de Bijbel erbij slepen. Des te treuriger is het dat die andere dieren er in onze moraal zo slecht vanaf komen. We vinden het moreel verdedigbaar om miljoenen dieren te mishandelen omdat vlees p. 108, 133 nu eenmaal *lekker* is (ook al een niet erg verheffende morele afweging). En bij het spoorwegwerkersdilemma verandert de zaak compleet zodra we moeten kiezen tussen mens en dier. Dan offeren we zonder aarzeling vijf chimpansees op voor één mens – gedreven door een oersimpel instinctief motto, 'eigen soort eerst'. Dat mag niet p. 80 met volken en rassen, maar weer wel met diersoorten; tja, het menselijk leven lijkt inderdaad wat heiliger te zijn dan de rest. Vinden mensen.

Zwartkijken 51

Is jouw glas…
a) half-leeg?
b) half-vol, maar wat als het straks leeg is?

Ben je het zat dat mensen zeggen dat je positiever moet denken? Zou je willen dat al je vrolijke vrienden eens ophielden met dat optimistische gedoe?

Als je deze vragen met ja beantwoordt, zo meldt de website defensivepessimism.com, dan hoor je waarschijnlijk bij de miljoenen mensen die de stress van het hedendaagse leven hanteren door middel van defensief pessimisme: het bedenken van een *worst-case scenario* in elke situatie, zodat je altijd bent voorbereid op het ergste. Wat als de trein te laat is en je niet op tijd bent voor je sollicitatiegesprek? Wat als er op dat feestje niemand is die je kent? Wat als de klant je idee knudde vindt?

In haar boek *The positive power of negative thinking* zegt Julie Norem dat dit pessimisme heel nuttig kan zijn. Immers, deze gedachten maken dat je gewoon nóg een trein eerder neemt, dat je alvast nadenkt over gespreksonderwerpen met onbekenden, en vijf ideeën bedenkt voor je klant in plaats van één.

Een andere reden waarom mensen zich soms doemscenario's in hun hoofd halen, is dat ze zich hierdoor gevoelsmatig wapenen tegen tegenvallers. Na een examen of een sollicitatiegesprek weet je meestal niet meteen de uitslag, en denken mensen vaak: ik heb het vast verknald. Hierdoor kan het alleen maar meevallen. Als je het inderdaad verknald hebt, was je alvast voorbereid en komt de klap niet zo hard aan; heb je toch succes, dan ben je extra blij omdat je er niet op rekende.

Het klinkt logisch, maar het blijkt niet zo te werken. In een serie onderzoeken* werd gekeken hoe mensen zich voelden die een test of examen hadden gedaan, zowel voor als na het bekendmaken van de uitslag. In sommige studies werd gelet op bestaande verschillen p. 180 tussen mensen – de zwartkijkers en roze-bril-dragers, zeg maar –, in andere studies creëerden de onderzoekers bij sommige deelnemers een negatieve en bij andere een positieve verwachting. Het resultaat was steeds hetzelfde: mensen met een negatieve verwachting voelden zich slechter voordat de uitslag bekend was (logisch), maar ze voelden zich helemaal niet beter dan de optimisten nadat ze de uitslag wisten. Het maakte niet uit of de uitslag positief of negatief was. Iedereen voelde zich natuurlijk beter bij een positieve uitslag, maar de zwartkijkers hadden er geen voordeel van dat hun verwachting toch al negatief was. Het netto effect van je voorbereiden op het ergste is dus negatief, want je voelt je slechter vooraf en je hebt achteraf geen profijt van je voorwerk.

Dat we toch denken dat het 'wapenen' de emotionele impact p. 18 van slecht nieuws kan dempen, komt doordat we te weinig inzicht hebben in hoe emoties verlopen over de tijd: we focussen op het eerste korte moment dat we het slechte nieuws krijgen, en we houden er geen rekening mee dat er direct daarna al automatische processen in werking treden die onze gemoedstoestand verbete- p. 51, 79 ren, dankzij ons psychologisch immuunsysteem ('Ik had toch al geen zin in die baan'; 'Het is vast een onbetrouwbare test').

We kunnen dus beter zorgeloos leven en erop vertrouwen dat onze onbewuste *spin doctor* het wel fikst als het tegenzit. Pessimistisch denken heeft alleen zin wanneer het je aanspoort tot ander gedrag, zoals het treffen van maatregelen om je kans op succes te vergroten. Gaat het erom je gevoel te sparen, dan geldt toch de oude wijsheid: 'De mens lijdt het meest door 't lijden dat hij vreest.'

---

* Golub, S.A., Gilbert, D.T. & Wilson, T.D. (2009). Anticipating one's troubles: The costs and benefits of negative expectations. *Emotion, 9*, 277–281.

Levenslessen 52

Je bent vast, net als ik, weleens onhandig bezig geweest in je leven. Zeuren, over je heen laten lopen, doormodderen in een baan die je niet ligt, of in een relatie met een m/v die je bedondert. Ik noem maar wat.

Als je dat soort dingen hebt gedaan, en als het nu weer over is, dan weet je dat het vaak tijd kost voordat je inziet dat je bent verdwaald. *Echt* inziet, tot in het diepst van je vezels – want vaak kun je het wel bedénken, maar het voelt anders, en de behoefte ermee door te gaan is sterker. Je moet eerst de dingen zien zoals ze werkelijk zijn. Maar dat is makkelijker gezegd dan gedaan. Het inzicht sijpelt heel langzaam naar binnen, soms is er opeens een helder moment, maar evengoed heb je de volgende dag weer een terugval. In een hopeloze liefdesrelatie werkt het zelfs een beetje als een heuse verslaving. Een junk doet alles, inclusief anderen en zichzelf voor de gek houden, om de ongezonde gewoonte voort te kunnen zetten. Mensen die verliefd zijn op de verkeerde doen dat ook. Ze besluiten vol goede moed er een punt achter te zetten, vertellen dat aan iedereen die zich om hen bekommert, maar in een zwak moment vallen ze terug en begint alles van voren af aan. Als je dat vaak genoeg doet, ben je steeds minder geneigd anderen deelgenoot te maken van je buitelingen. Je vertelt het helemaal niet, of je gaat zeggen dat het nu allemaal anders is omdat je de ander nu doorziet en weet waar je mee bezig bent.

p. 141

p. 120

Vrienden en vriendinnen zien met lede ogen aan hoe je aan het klooien bent en proberen je tot inkeer te brengen. Dat heeft vaak niet het beoogde effect. Je gaat denken 'Zij vinden mij ook al een sukkel', waarmee je zelfvertrouwen omlaag gaat en je nóg meer

p. 68 reden hebt om domme dingen te doen. Of je wordt er opstandig van, 'Ik maak zelf uit wat ik doe'. Goede raad is vaak helemaal niet p. 60 duur, immers veel mensen lopen over van (hun eigen) levenswijsheid en willen die maar al te graag delen, maar het opvolgen is een ander verhaal.

Uiteindelijk moet je toch je eigen fouten maken. Je leert van het leven, niet van de woorden van anderen. Je moet helemaal zelf je gat branden en keihard op de blaren zitten. Zinken tot aan de p. 104 bodem. Dat betekent, vanuit de goedbedoelende vriend(in) bekeken, dat het zinloos is op iemand in te praten dat ie het roer moet omgooien, of iemand te helpen de waarheid onder ogen te zien. Ik ken een vrouw die, nadat ze iemands minnares was en de man koos voor zijn echtgenote, uit kwaadheid al haar liefdesbrieven van die man naar de echtgenote stuurde. Dat zou haar de ogen wel even openen voor wat een man zij in huis had! Niks hoor. De echtgenote en de ontrouwe man besloten samen dat de ex-minnares gewoon verzuurd en in de war was. Ze verzonnen zelf een verhaal waarmee ze verder konden leven. Voor de ex-minnares duurde het ook even voordat ze besefte dat haar levensgeluk niet lag in het versjteren van het zijne.

Er is kennelijk een natuurlijk tempo waarin dit soort inzichten indalen. Je kunt niet werkelijk zien waar je in zit totdat je eruit bent. Anderen zien het wel, zij zitten er niet in immers, maar er is niet veel wat ze kunnen zeggen waardoor je opeens wakker wordt. Ze staan erbij en kijken ernaar: een trein die in z'n eigen tempo doorboemelt. Je praat erover want je zit ermee, en je doet alsof dat verschil kan maken. Maar het is hooguit fijn dat je je ellende kunt delen met anderen en je gesteund voelt. Dat is het enige wat vrienden voor elkaar kunnen doen.

Dat is niet niks, overigens. Accepteren dat die trein gaat zoals ie gaat en de ander hoe dan ook steunen; de scherven helpen oprapen van het servies dat iemand telkens zelf stukgooit. Dat is veel moeilijker dan uitleggen hoe het zit volgens jou, en waarom het anders moet, en hoe. Moeilijker, en van meer betekenis en meer wijsheid.

What's in a name 53

Bij belangrijke beslissingen gaan we gewoonlijk ervan uit dat onze keuzes gebaseerd zijn op zinnige overwegingen. De keus voor je auto, je woonplaats, je beroep of je werkgever: allemaal beslissingen waarbij de meeste mensen niet over één nacht ijs gaan. Des te verontrustender is de ontdekking van psychologen dat zeer triviale zaken hierop van invloed kunnen zijn. Dat kan zo ver gaan dat iemand met een A in de eigen naam eerder in *Amsterdam* dan in *Utrecht* zal willen wonen, en eerder *tandarts* zal worden dan *chirurg*, omdat er meer A's in die woorden zitten.

Om dit te begrijpen moet je weten dat de meeste mensen een positief zelfbeeld hebben. p. 51, 73 (Er zijn natuurlijk ook mensen met een negatief zelfbeeld, en er zijn aanwijzingen dat zij zichzelf wat realistischer bekijken dan anderen. Maar of je daar zoveel aan hebt is de vraag, want deze mensen zijn vaak neerslachtig.) Een 'gezonde' zelfwaardering kan zich expliciet manifesteren – bijvoorbeeld: zeggen dat jij een taak op je neemt omdat jij daar gewoon beter in bent; of de verantwoordelijkheid voor succes naar je toetrekken en te weinig krediet aan anderen geven, of bij falen zeggen dat je werd tegengewerkt of dat je niet gemotiveerd genoeg was. p. 64

Maar het manifesteert zich ook vaak op een onbewust niveau. p. 28 Onbewust hebben mensen met een positief zelfbeeld de neiging om allerlei dingen die met henzelf geassocieerd zijn, extra positief te waarderen. Zo vinden ze hun eigen huis waardevoller dan een vergelijkbaar huis van een ander, met als gevolg dat ze de vraagprijs van hun huis vaak te hoog inschatten. Nu kan dat natuurlijk komen doordat je zelf vaak maar al te goed weet wat je verbouwing heeft gekost, maar het effect treedt ook op als je mensen bijvoorbeeld lukraak een fles wijn geeft, en dan vraagt tegen welk bedrag ze hun fles willen ruilen met de fles die iemand anders gekregen heeft. Ook al zijn de flessen gelijkwaardig, mensen vragen te veel voor hun eigen fles, alsof ze onbewust denken: 'Die fles is van mij en alleen al daarom is ie extra veel waard.' Gevolg is dat mensen de waarde van hun bezittingen systematisch iets te hoog inschatten, en iets te veel geld vragen om er afstand van te doen.

Mensen hebben niet alleen positieve associaties bij hun bezittingen maar ook bij de letters in hun naam. Heet je Hans Jansen, dan zul je de letters H, A, N, S, J en E gemiddeld ietsje positiever beoordelen, vergeleken met het oordeel van, laten we zeggen Ruud Mol over diezelfde letters. Omdat je de letters in je eigen naam onbewust met jezelf associeert, vind je ze mooier. Ook zul je de cijfers uit je eigen telefoonnummer of uit je geboortedatum mooier vinden dan andere mensen.

Dit alles geldt vooral als je ook onbewust een goed gevoel over jezelf hebt: er zijn ook mensen die ogenschijnlijk (bewust) wel veel zelfvertrouwen hebben, maar die onbewust juist niet zo positief over zichzelf denken. Bij hun beoordeling van de letters uit het alfabet kan dat aan het licht komen. Op andere manieren overigens ook, want je ziet het bijvoorbeeld als ze spreken in het openbaar: na afloop zeggen ze dan zelf dat ze helemaal geen last hadden van zenuwen – bewust hebben ze dat ook echt niet ervaren – terwijl je als toehoorder wel degelijk tekenen van spanning hebt
p. 156 opgemerkt in hun lichaamstaal.

Het grappige is dat de voorkeur voor de eigen naamletters zich blijkt uit te strekken naar onverwachte domeinen. In de Verenigde Staten is aangetoond dat de keus voor woonplaats, beroep en partner wordt beïnvloed door naamletters; bijvoorbeeld mannen die Dennis heten, wonen relatief vaak in Denver, zijn relatief vaak 'dentist' en zijn vaker getrouwd met een vrouw die Denise heet of anderszins overeenkomstige letters in haar naam heeft*. Het effect treedt op bij zowel voor- als achternaam en is het sterkst voor de initialen. Ook blijken mensen bij de keus voor consumentenproducten een voorkeur te hebben voor producten met hun naamletters of de getallen van hun geboortedatum erin.** Dus als Piet Smit, jarig op 5 juni, kan kiezen tussen de videocamera type SP-56 of type LN-78, zal hij eerder het eerste type kiezen.

De verleiding is groot om direct te gaan zoeken naar uitzonderingen op deze regel, en dan te roepen dat de theorie niet klopt. Dat zou een overhaaste conclusie zijn. Het naamletter-effect is een algemene tendens die statistisch betrouwbaar is als je kijkt naar patronen bij grote groepen mensen, maar die niet in elk individueel geval keuzes stuurt. Natuurlijk laten we ons ook beïnvloeden door andere kenmerken van ons beroep, onze partner, woonplaats en videocamera. Maar in situaties waar het rationeel gezien weinig uitmaakt, kun je bij het ene keuzealternatief net een iets beter gevoel hebben dan bij het andere, en dat goede gevoel kan de doorslag geven. Dat dat gebaseerd kan zijn op de letters in het woord is wellicht ontgoochelend, maar het zal in de meeste gevallen weinig kwaad kunnen.

---

* Pelham, B.W., Mirenberg, M.C. & Jones, J.K. (2002). Why Susie sells seashells by the seashore: Implicit egotism and major life decisions. *Journal of Personality & Social Psychology, 82,* 469–487.

** Bijlstra, G., Jongenelen, M.M., Wennekers, A.M., Holland, R.W., Smeets, R.C. & Van Knippenberg, A. (2007). Naamletters en consumptiegedrag: Waarom Jack zoveel Jack Daniel's drinkt. In *Jaarboek Sociale Psychologie 2006* (105–113). Groningen: ASPO Pers.

54 Waakzaamheid

Mensen reageren sneller op negatieve dan op positieve signalen. Zie je een leuke persoon in een café, of een lekker hapje op de menukaart, dan kun je op je gemak overwegen of je de persoon respectievelijk het hapje wilt benaderen, wat de voors en tegens zijn en hoe je het gaat aanpakken. Maar komt er een enorme griezel binnen die naast je dreigt te gaan zitten, of zet iemand je een bord met giftige dampen voor je neus, dan moet je onmiddellijk in actie komen.

We zeggen weleens tegen elkaar dat we niet zo snel moeten oordelen (in termen van goed en fout), maar snelle oordeelsvorming is van levensbelang voor dieren die in het wild leven – en dat deden mensen gedurende het grootste deel van hun evolutionaire geschiedenis. Om te overleven moet je direct zien wie en wat je wilt benaderen, en wanneer er gevaar dreigt en je moet vechten of vluchten, zodat er snel een stoot adrenaline door de aderen moet worden gepompt.

Vooral bij dreiging is een snelle reactie cruciaal: vaststellen of er lekkere besjes aan een boom zitten kan wel even wachten, maar de snelheid waarmee je bepaalt of een roofdier hongerig is maakt in de natuur het verschil tussen *the quick and the dead*. De gevolgen van negatieve gebeurtenissen zijn eenvoudigweg meer acuut en vaker onomkeerbaar dan van positieve. Misschien waren er ooit mensen die eerst op hun gemak met hun stamgenoten gingen overleggen en discussiëren wat voor roofdier het precies was en hoe groot de kans op gevaar was, wat de beste route was om te vluchten en hoe het daarna verder moest. Als die er waren, zijn ze nu uitgestorven. Wij zijn met z'n allen nakomelingen van de overlevers: mensen met een automatische, ingebakken neiging om snel te reageren op gevaar.

Psychologisch onderzoek laat diverse voorbeelden zien van die neiging. Zo kunnen we een boos kijkend gezicht onmiddellijk eruit pikken als we naar een groep mensen kijken. We hebben als het ware een automatische 'scan' voor boze, bedreigende gezichten. Bij het vormen van indrukken van anderen laten we negatieve informatie zwaarder wegen dan positieve. Iemand hoeft maar één keer iets verkeerd te doen om het te verknallen ('Eens een dief...') en moet veel vaker iets goed doen om krediet op te bouwen. We kijken langer naar negatieve dan positieve informatie en onthouden het beter (behalve als het over onszelf gaat), we praten er meer over (vandaar dat werknemers zo vaak onvoldoende positieve feedback krijgen), negatieve roddels worden sneller doorverteld dan positieve, en we hebben meer verschillende woorden voor negatieve persoonlijkheidskenmerken en negatieve emoties (boos, teleurgesteld, bedroefd, bang, jaloers, verbitterd, en ga zo maar door) dan positieve.

p. 113

p. 51

p. 143

p. 71

Dit zijn allemaal uitingsvormen van onze zogenoemde automatische waakzaamheid – een uiterst nuttig mechanisme in tijden van dreiging. Helaas is onze samenleving in de loop van de evolutie dermate ingewikkeld geworden dat het allemaal niet meer zo soepel werkt. Degenen met de macht zitten het hoogst in de boom, het verst van de dreiging af, en hebben dus als laatste in de gaten wat er aan de hand is. Bij de bankencrisis bijvoorbeeld, wisten degenen aan de top als laatste dat er ondeugdelijke financiële producten werden verkocht.

p. 122, 67

In vroeger tijden wisten stammen hun onderlinge tegenstellingen snel te overbruggen zodra er een gemeenschappelijke dreiging was. Hetzelfde bleek in een onderzoek* te gelden voor kinderen op een schoolkamp waar twee groepen waren ontstaan die elkaar het

p. 80

* Sherif, M., Harvey, O.J., White, B.J., Hood, W.R. & Sherif, C.W. (1961). *Intergroup conflict and cooperation: The robber's cave experiment.* Norman: University of Oklahoma Book Exchange.

leven zuur maakten: toen een waterprobleem ontstond dat ze alleen door samenwerking konden oplossen, was de onderlinge strijd snel voorbij. Vergelijk dat eens met de leiders op onze aardbol: die zijn nu al vele jaren op de hoogte van de dreiging van een klimaat-, voedsel-, water- en energiecrisis, maar zijn eigenlijk nog steeds aan het kissebissen over wie er wat moet inleveren om het op te lossen. Een beetje als die stam uit de oertijd die te lang vergaderde over dreigingen, en inmiddels is uitgestorven.

Onbekend talent 55

Tijdens een wandeling spitste mijn hond zijn aandacht toen hij een konijn in het veld zag rennen. Het konijn verdween even uit zijn gezichtsveld door een grote hooiberg die ervoor stond. Ik keek naar mijn hond en zag dat hij direct zijn blik wendde naar de andere kant van de hooiberg, wetend dat het konijn aan die kant weer tevoorschijn zou komen. Niet slecht, toch, dat hij dit op zijn peuterleeftijd al snapt!

Het inzicht van de hond kan natuurlijk alleen worden afgeleid uit zijn gedrag, in dit geval zijn blikrichting. Bij mensen werkt dat eigenlijk precies zo. Mensen denken dat ze weten wat ze weten – dat ze kunnen aangeven waar ze verstand van hebben en wat ze kunnen. Maar niets is minder waar. Bekend is dat mensen hun vaardigheid en talent vaak overschatten. Denk aan muzikale wanprestaties in talentenshows, aan *Peter's principle* (veel mensen werken een functieniveau hoger dan ze aankunnen) en aan sportievelingen die bergen beklimmen en er vanaf vallen. Zomaar wat voorbeelden van zelfoverschatting. Je kunt nu eenmaal niet weten wat je niet weet, of een adequaat oordeel geven over een vaardigheid waarin je een kruk bent. Maar het omgekeerde gebeurt ook: je weet ook niet wat je wél weet.

p. 24, 55

Een aardige illustratie hiervan is het Iowa-gokspel,* waarin deelnemers kaartjes van verschillende stapeltjes trekken. Ieder

* Bechara, A., Damasio, H., Tranel, D. & Damasio, A.R. (1997). Deciding advantageously before knowing the advantageous strategy. *Science 275* (5304): 1293–5.

kaartje levert een bepaald bedrag aan winst of verlies op. De deelnemer weet niet hoe de stapeltjes zijn samengesteld, dus moet er al doende achter komen. De verschillende stapeltjes zijn dusdanig samengesteld dat sommige overall meer verlies opleveren en andere meer winst. Ruim voordat deelnemers bewust kunnen aangeven bij welke stapel de verliezen het grootst zijn, blijkt dat ze het al weten: wanneer ze een kaartje pakken van het 'verkeerde' (verliesgevende) stapeltje, zijn er meer tekenen van spanning in hun lichaam. Ze weten dus al dat dat stapeltje riskant is, maar ze weten nog niet dát ze het weten.

Een vergelijkbare splitsing is geconstateerd bij kleine kinderen, in onderzoek** naar hun vermogen zich te verplaatsen in het perspectief van iemand anders. In dit type onderzoek zien kleuters een filmpje. Jan en Piet staan in een kamer bij een doos waar een snoepreep in zit. Ze pakken de reep eruit en kijken er begerig naar (zo ongeveer als mijn hond naar het konijn). Dan wordt Piet weggeroepen. Ze leggen de reep terug in de doos en Piet verlaat de kamer. Terwijl hij weg is, doet Jan gauw de reep in een kastje aan de andere kant van de kamer. Vervolgens komt Piet weer binnen.

Op dit punt wordt aan de kijkertjes gevraagd: waar gaat Piet nu zoeken naar de reep? Kinderen van vijf snappen dit: ze wijzen naar de doos, want ze beseffen dat Piet de verplaatsing van doos naar kast niet heeft waargenomen. Ze kunnen zich dus in Piets perspectief verplaatsen. Kinderen van drie niet: ze wijzen naar het kastje, alsof Piet ook weet wat zij weten. Ergens tussen drie en vijf leren kinderen dat Piet niet ziet wat zij zien. Maar het grappige is: met een jaar of vier weten ze dit, maar ze weten nog niet dat ze het weten. Desgevraagd geven ze het verkeerde antwoord. Maar wan-

** Perner, J. & Clements, W.A. (2000). From an implicit to an explicit 'theory of mind'. In Y. Rossetti & A. Revonsuo (Eds), *Beyond Dissociation*. Amsterdam: John Benjamins.
Wellman, H.M., Cross, D. & Watson, J. (2001). Meta-analysis of theory-of-mind development: the truth about false belief. *Child Development, 72*, 655–84.

neer je hun blikrichting volgt zodra Piet op het toneel verschijnt, zie je dat ze direct naar de doos kijken. Ze weten feilloos waar Piet naartoe gaat.

Ook volwassenen kunnen vaardigheden en talenten hebben zonder expliciet te weten dat ze die hebben. Nog vaker menen mensen dat ze iets kunnen of weten terwijl dat in feite nogal tegenvalt. (Mijn hond lijkt overigens ook niet te beseffen dat hij te klein is om een koe te bejagen.) Er is weinig verband tussen de kwaliteiten die mensen feitelijk hebben en hun eigen opvattingen daarover. Als je wilt weten wat mensen te bieden hebben, moet je dat dus vooral niet aan ze vragen. Daarin schuilt het grote probleem van alle zelf-rapportage-tests. Wat daaruit rolt is wat de respondent er zelf in stopt: zijn eigen theorietjes over zichzelf. Wil je weten wat mensen daadwerkelijk in huis hebben en wat niet, doe dan hetzelfde als met honden en kleuters: let goed op hun gedrag.

p. 28

56 Creëer je eigen werkelijkheid

Het is zo onderhand algemeen bekend: dat wat je wilt ontvangen, moet je zelf uitstralen. Wil je met respect behandeld worden, begin dan anderen respect te geven. Wil je meer liefde in je leven, begin dan met liefde te geven. Het doet wonderen!

Zoals met alle waarheden als een koe valt er ook op dit terrein wat misbruik en simplificatie te melden. Denk aan de bestseller *The Secret,* waarin het universum op bestelling wensen honoreert (is je wens niet uitgekomen, dan heb je de bestelling niet goed uitgevoerd, of het universum wist dat je er niet aan toe was). Maar dat zijn uitwassen. De kern blijft overeind, getuige onderzoeksresultaten. Vriendelijkheid nodigt uit tot vriendelijkheid en waardering wordt beantwoord met waardering. Dankzij dit verschijnsel kun je p. 110 zelf je eigen werkelijkheid creëren. In een experiment* voerden mannelijke deelnemers een telefoongesprek met een vrouw van wie ze een foto zagen. Sommige mannen kregen een foto van een aantrekkelijke vrouw te zien, andere van een onaantrekkelijke. In werkelijkheid praatten ze met dezelfde vrouwen. Maar bij de aantrekkelijke foto deden de mannen aardiger, en de vrouwen (die niet wisten dat de mannen een foto zagen) deden hierdoor aardiger terug. Zo creëerden ze – in dit geval onbedoeld en onbewust – hun eigen *Pygmalion.***

p. 45 Hetzelfde verschijnsel van *self-fulfilling prophecy* werd aangetoond in het klaslokaal. Leraren kregen over sommige kinderen te horen dat ze veel potentieel hadden. Hoewel deze kinderen willekeurig gekozen waren en bij aanvang even intelligent als iedereen, scoorden ze jaren later hoger op een test. Onbewust hadden de leraren hen meer aangemoedigd en meer uitgedaagd, waarmee ze hun eigen wonderkinderen hadden gecreëerd. Op de werkvloer kan precies hetzelfde gebeuren wanneer een leidinggevende aanneemt dat zijn medewerkers bevlogen en capabel zijn. Door ze als zodanig te behandelen, vergroot je de kans dat ze zich inzetten en hun talenten ontwikkelen. p. 92

Hoewel dit gegeven voor velen een wijd open deur is, wordt die deur nogal eens voorbijgelopen juist wanneer we er veel aan kunnen hebben. Denk aan iemand met een sterke geldingsdrang, die hoog van de toren blaast over zijn successen. Je natuurlijke neiging is om terug te blazen, maar daarmee versterk je dat gedrag alleen en ontaardt het in een ik-kan-verder-piesen-dan-jij-wedloop. Iemand die zich zo gedraagt, heeft in feite een diepe behoefte aan geruststelling dat hij de moeite waard is. Als je uit de wederkerigheids-automatismen kunt stappen en hem die geruststelling kunt geven, kun je zijn gedrag veranderen. Hetzelfde geldt voor iemand die vaak vijandig en wantrouwend doet. Je natuurlijke reactie is om zelf ook op een afstand te blijven, maar als je zo iemand met warmte en vertrouwen behandelt, geef je hem iets wat hij van anderen nooit krijgt. Daarmee kun je in één klap nieuwe wegen voor hem openen. p. 48

De truc is allereerst te beseffen wat je automatische reactie is als antwoord op bepaald gedrag van anderen. Daarvoor gelden simpele wetmatigheden: op de dimensie aardig–onaardig, vriendelijk–onvriendelijk en verwante kenmerken, roept het gedrag van

---

* Snyder, M., Tanke, E.D. & Berscheid, E. (1977). Social perception and interpersonal behavior: On the self-fulfilling nature of social stereotypes. *Journal of Personality & Social Psychology, 35*, 656–666.

** In de Griekse mythologie werd een prins verliefd op het beeld van een vrouw dat hij zelf had gebeeldhouwd, Pygmalion. George Bernard Shaw gebruikte de naam in zijn gelijknamige toneelstuk (1912) over een spraakprofessor die verliefd wordt op het meisje dat hij netjes leert praten en goede manieren bijbrengt, dus ook zijn eigen creatie. Een klassiek onderzoek naar de *self-fulfilling prophecy* werd in 1968 gepubliceerd in het boek *Pygmalion in the classroom* van Rosenthal en Jacobson, over leraren die hun eigen sterleerlingen creëren.

de een vergelijkbaar gedrag op bij de ander. Behulpzaamheid nodigt uit tot behulpzaam terugdoen, onthullingen tot onthullingen, arrogantie tot arrogantie, enzovoort. Maar er is nog een tweede gedragsdimensie, *dominantie* of *controle* genoemd. In het algemeen geldt op deze dimensie dat tegengesteld gedrag wordt opgeroepen: dominantie nodigt uit tot meegaandheid aan de andere kant, afwachtendheid tot initiatief nemen, agressie tot voorzichtigheid, enzovoort. Op die manier versterken mensen elkaars neigingen. In een relatie is bijvoorbeeld de een altijd alles aan het regelen, waardoor de ander nog afwachtender wordt, de een nog regelzuchtiger ('Ik moet ook altijd alles doen'), enzovoort.

Als je deze eenvoudige wetmatigheden eenmaal kent, kun je je erboven verheffen. Niet toegeven aan je eerste neiging, maar al je gedragsopties overzien. De ander iets geven wat ie niet gewend is om te krijgen. Iets doen waarmee je vastgeroeste interactiepatronen doorbreekt. Mensen naar een wereld brengen die ze niet kennen, waar ze opeens een heleboel gaan leren. Jijzelf ook, trouwens; probeer het maar eens.

Verborgen bedoelingen: het sprookje van goed en fout

57

Fred bood aan zijn baas met autopech naar een garage te brengen.
Fred hielp de voorzitter met het instellen van de beamer.
Fred zamelde geld in voor het jubileum van de directeur.
Fred nam een klusje over van de afdelingschef die het druk had.

Die Fred, die doet zijn best! Staat altijd klaar voor anderen, bereid om te helpen, attent. Waren er zo maar meer! Of niet? Is Fred een slijmerd die zich alleen zo gedraagt tegenover mensen met een hogere rang of status? p. 13

We weten het niet: het zou allebei kunnen. Uit mijn eigen onderzoek* bleek dat beoordelingen van Fred op basis van deze informatie neutraal en gematigd zijn. Hij kan best heel aardig en behulpzaam zijn, maar een andere mogelijkheid is dat hij alleen zo doet tegen superieuren. Zou je vervolgens een of twee onaardige gedragingen van Fred tegenover een mindere waarnemen ('Fred liep de schoonmaker omver en verontschuldigde zich niet' of 'Fred speelde een lastige opdracht door naar zijn assistent'), dan slaat het oordeel onmiddellijk om van neutraal naar extreem negatief: verdomd, een geval van 'naar boven likken, naar beneden trappen'.

Maar bij afwezigheid van zulke informatieve aanwijzingen, verkeer je volgens vakjargon in een *state of suspicion*. Die toestand ervaren we allemaal wanneer we ons afvragen of iemand verborgen bedoelingen heeft. Een student zegt tegen een docent dat hij

---

* Vonk, R. (1998). The slime effect: Suspicion and dislike of likeable behaviors towards superiors. *Journal of Personality & Social Psychology, 74*, 849–864.

SPROOKJES
VOOR
VOL—
WASSENEN

het college zo ongelofelijk boeiend vond. Is hij enthousiast over het vak of wil hij in een goed blaadje komen? Hotels vragen je je handdoek te hergebruiken om het milieu te sparen. Gaat het om het milieu of om de kosten van de wasserij? Je collega zet alles op alles om een project in de publiciteit te brengen. Is dat ter meerdere glorie van het project, het bedrijf of zijn eigen loopbaan?

Normaliter vormen we ons snel en gedachteloos hapsnap oordelen over anderen: klusjes overnemen is behulpzaam, iemand omver lopen is bot. Maar soms wordt dat proces doorbroken door een verdenking. Dan hapert de oordeelsvorming. Ofwel Fred is vriendelijk en behulpzaam, ofwel hij is een kontlikker en deugt niet. In zulke gevallen gaan we beter nadenken en hebben we behoefte aan extra informatie om tot een besluit te komen. Is de persoon goed of fout: meent hij het echt of heeft hij een verborgen belang? In het laatste geval is hij góed fout, want niet alleen heeft hij een 'foute' bedoeling, hij probeert ook nog eens dat te verbergen. Daar kun je zelfs lieve bedaarde mensen ziedend mee krijgen. We vinden met z'n allen dat mensen zich niet beter mogen voordoen dan ze zijn. We moeten erop kunnen vertrouwen dat mensen zeggen wat ze doen en menen wat ze zeggen. p. 162, 51

Dat is een uitstekend grondbeginsel voor het sociale verkeer. Maar helaas past het gedrag van mensen vaak niet in zo'n simpel goed-fout-raamwerk. Aan iemands gedrag kunnen best uiteenlopende motieven ten grondslag liggen. De student kan echt enthousiast zijn én een wit voetje willen halen. Je collega kan het project tot een succes willen maken én het bedrijf op de kaart zetten én in eigen persoon mee-schitteren. Dat het succes goed is voor zijn ego, en dat dat misschien wel gedeeltelijk zijn drijfveer is, maakt zijn andere drijfveren niet opeens minder. De meeste mensen doen de meest nuttige dingen vanuit het streven naar persoonlijk succes, macht, geld, status, erkenning, waardering en andere ego-verheffende motieven. Als je alle verdiensten die daaruit voortkomen diskwalificeert, hou je weinig over. p. 51

Door hun behoefte aan eenduidigheid kunnen mensen soms stevig oordelen in situaties waar een bedachtzame staat van verdenking meer adequaat zou zijn. Misschien hebben ze het idee dat het slim en bijdehand overkomt: je laat zien dat je er niet intrapt, dat je geen wereldvreemde naïeveling bent. In verdenkingsgevallen – waar we gematigd en afwachtend zouden moeten zijn – vliegen zo al snel de negatieve interpretaties de tafel over, om anderen te laten zien hoe wereldwijs en *street-smart* men is. Zo ontstaat een wereldbeeld waarin heel wat mensen verborgen motieven hebben en de boel bedonderen. En dat terwijl onderzoek** nu juist laat zien dat mensen met een hoog basisvertrouwen in anderen het eerder doorhebben als iemand oneerlijk is.

p. 76

Echt slim, en volwassen, is natuurlijk juist om ruimte te laten voor twijfel en nuance. Het idee dat andere mensen ofwel oprecht en deugdelijk zijn, ofwel de kluit belazeren: dat is nou juist naïef. Discussies over verborgen bedoelingen en hypocrisie zijn onderhoudend voor aan de borrel en de late-avond-talkshow, maar uiteindelijk moeten we toch volwassen worden: het sprookje van goed en fout ontgroeien, en accepteren dat het gedrag van anderen en van onszelf vaak niet eenduidig en consistent is.

** Carter, N.L. & Weber, J.M. (2010). Not Pollyanna's: Higher generalized trust predicts lie detection ability. *Social Psychological & Personality Science, 1,* 274–279.

Kiezen 58

'Kiezen is verliezen': veel keus hebben lijkt fijn, maar het is belastend. Psychologisch onderzoek laat zien dat het maken van keuzes mentaal uitputtend is. Moet je een moeilijke keus maken, dan kun je beter niet tegelijkertijd ook aan de lijn doen of werken aan een vervelende klus, want het vergt te veel van je innerlijke CEO om dat allemaal op dezelfde dag te doen. p. 136, 130

Het probleem is dat je bij elke keus onvermijdelijk iets anders níet hebt. Hoe erg dat is, hangt van de situatie af. Bij een *approach-approach*-conflict gaat de keus tussen twee aantrekkelijke alternatieven – bijvoorbeeld twee mooie banen, twee huizen, twee partners van wie je houdt. Dit type dilemma lijkt een luxeprobleem, maar het vervelende is dat je eindeloos blijft twijfelen en terugkomen op je keus: elke keer als je kiest en tegen jezelf zegt 'Zo, nu is het klaar: ik heb gekozen', dan lijkt daarna het andere alternatief opeens toch weer aantrekkelijker en ga je twijfelen. Herroep je dan je keus, dan wordt het eerste alternatief weer aantrekkelijker. Omdat het niet-gekozen alternatief altijd psychologisch aantrekkelijker wordt, kun je zo jezelf lekker bezig houden.

Bij een *avoidance-avoidance*-dilemma gaat de keus tussen twee kwaden. Een dramatisch voorbeeld zien we in de film *Sophie's Choice*, waar de hoofdpersoon moet kiezen wie van haar twee kinderen ze opgeeft aan de Duitsers. Dit is natuurlijk heel extreem, maar een *avoidance-avoidance*-conflict heeft per definitie altijd een element van tragiek in zich: wat je ook kiest, de gevolgen zullen altijd ongewenst zijn. Zulke dilemma's veroorzaken veel stress. Mensen proberen uiteindelijk de minst kwade optie te kiezen, of de keus uit te stellen en te wachten tot de situatie verandert.

Het meest gebruikelijk zijn *approach-avoidance*-dilemma's, waarbij een keuze-optie zowel voor- als nadelen heeft. Je voelt je aangetrokken tot de voordelen, maar afgestoten door de nadelen die er ook bij horen. Is de keus nog ver weg, dan lijken de voordelen het belangrijkst; vandaar dat grote plannen die we pas later hoeven uit te voeren ons aantrekkelijk lijken. Maar naarmate de keus dichterbij komt wordt de afstotingskracht van de nadelen groter. Zo kunnen mensen op de dag van de verkiezingen of op hun trouwdag nog van mening veranderen, of opeens in een ander type conflict terechtkomen.

p. 187

Kiezen is moeilijker naarmate er meer keus is. Hoe meer keus er is, hoe meer mensen tobben of ze wel de goede keus maken, zich afvragen of het alternatief dat ze níet hebben gekozen misschien toch beter was, en naderhand minder tevreden zijn over hun keus. Vooral *optimisers* (mensen die het best mogelijke resultaat willen) hebben hier last van; voor *satisficers* (mensen die tevreden zijn met 'goed genoeg') is het minder vervelend.

p. 53

Een hulpmiddel is om eerst even in het algemeen na te denken over wie je bent en waar je in gelooft; wat zijn je belangrijke eigenschappen, je waarden en overtuigingen in het leven? Uit onderzoek* blijkt dat mensen, na het overdenken van wie ze zijn en waar ze voor staan, minder innerlijk conflict ervaren bij het kiezen tussen beroepen.

Het gebeurt ook weleens dat mensen denken dat ze er niet uit zijn terwijl het wel zo is. In het extreme geval kunnen mensen eindeloos tobben, onwetend dat het besluit van binnen allang genomen is. Dan is er een simpele truc: gooi een muntje op, dat bepaalt wat je keus wordt. Ben je blij of teleurgesteld over je worp, dan weet je meteen wat je wilde.

---

* Nakao, T., e.a. (2010). Self-knowledge reduces conflict by biasing one of plural possible answers. *Personality & Social Psychology Bulletin, 36 (4)*, 455–469.

Maar ook al weet je precies wat je wilt, laat dat je er nooit van weerhouden je standpunt te herzien. Als je echt wilt geloven in je keuzes én een *open mind* wilt behouden, moet je accepteren dat de meeste beslissingen tijdelijk zijn. Is dat niet wankelmoedig of zelfs draaikonterig? Nee: andere mensen moeten kunnen vertrouwen op je integriteit, je waarden en je kwaliteiten, niet op je onwrikbaarheid. Wie nooit van gedachten verandert, heeft nooit nagedacht.

p. 61 p. 40

59 Veranderbaar

Een vriendin zei eens: 'Ik geloof niet dat ik mezelf kan veranderen. Ik voel me als een hond aan een ketting. Ik heb wel wát ruimte, maar zodra ik wat verder wil, word ik teruggetrokken naar hoe ik ben.' In psychologisch jargon heeft zij een *fixed mindset*: ze neemt aan dat mensen een vastliggende persoonlijkheid hebben, en dat eigenschappen als intelligentie, vriendelijkheid, p. 146 openheid en zelfvertrouwen grotendeels vastliggen (door genetische invloeden en/of door opvoeding). Anderen nemen aan dat mensen in de loop van hun leven veranderen, zich ontwikkelen; zij hebben een zogeheten groei-*mindset*.*

Wie heeft er nu gelijk? Wat is waar? Toen ik psychologie studeerde, in de jaren tachtig, hadden we in Leiden de hoogleraar Buikhuisen. Volgens hem was agressie voor een belangrijk deel genetisch en hormonaal. En kon je er dus met opvoeding en psychotherapie niet veel aan doen. Buikhuisen werd verketterd. Hij werd uiteindelijk antiekhandelaar. Hersenonderzoek heeft hem later toch gelijk gegeven. We mogen nu weer vanuit een *fixed mindset* denken. Veel onderzoekers gaan ervan uit dat het gedrag van mensen wordt gestuurd door oeroude instincten, of door p. 28, 97 onbewuste, automatische, en dus oncontroleerbare reacties. In dat p. 159 soort visies hebben mensen weinig keuzevrijheid. Als ze veranderen, is dat in elk geval niet omdat ze dat zelf besloten hebben.

Wat 'waar' is, is dus deels afhankelijk van in welke tijd je leeft. Dat is geen kwestie van voortschrijdend inzicht; er komt vast ook weer een tijd waarin de wetenschap de groei-gedachte ondersteunt.

---

* Dweck, C. (2006). *Mindset*. Random House.

Interessanter is dat er nogal wat verschillen zijn tussen mensen met een uitgesproken *fixed*- en groei-*mindset*. Groei-gelovigen kiezen bijvoorbeeld vaker taken en banen waarin ze iets nieuws kunnen leren, terwijl *fixed*-aanhangers eerder werk kiezen dat gelegenheid biedt te laten zien wat ze kunnen. Als gevolg hiervan leren ze minder. Ook zijn ze geneigd met hulpeloosheid te reageren op tegenslag ('Het wordt nooit wat'), terwijl 'groeiers' zich eerder afvragen wat ze kunnen doen om hun prestatie te verbeteren. Dat heeft gevolgen, bijvoorbeeld bij studenten dat hun zelfvertrouwen omhoog gaat tijdens de universitaire studie: ze leren veel, trekken zich op aan slimme medestudenten en docenten, en dat bevordert hun zelfwaardering. Bij *fixed*-adepten gaat de zelfwaardering juist omlaag in hun eerste jaar aan de universiteit: voorheen hoorden ze bij de besten van de klas, en nu merken ze vooral dat ze niet alles kunnen en dat hun medestudenten net zo slim zijn. Hun mogelijkheden tot zelfverheffing zijn opeens beperkt.

p. 89

p. 51, 73

Je visie op veranderbaarheid heeft ook gevolgen voor hoe je naar anderen kijkt. Managers met een *fixed*-visie zien hun ondergeschikten als onveranderlijk en nemen dus sneller het roer over als er iets verkeerd gaat. Managers die geloven in veranderbaarheid, zullen werknemers eerder stimuleren zich te ontwikkelen en naar een cursus sturen. Een leraar met een *fixed*-opvatting zal, als een leerling het antwoord op een vraag niet weet, de vraag herhalen en aan iemand anders stellen. Een leraar die gelooft in groei, zal eerder de vraag verduidelijken en nog eens aan dezelfde leerling stellen in andere woorden.

Wat is waar? Waar is wat werkt. Waar is de werkelijkheid die we zelf creëren met onze eigen overtuigingen. Als je ervan uitgaat dat alles vastligt en je er weinig aan kunt doen, dan zal dat in jouw leven waarschijnlijk waar worden. Ben je meer een groei-positivo, dan geldt het motto: *Live and learn*. Omdat je overtuiging een *self-fulfilling prophecy* kan worden, kun je maar beter in groei geloven. Maar misschien ligt het wel vast of je een groei- of *fixed*-adept bent, en kun je daar dan weer niks aan doen....

p. 45

60 Morele dwarsliggers

Stel je doet mee aan een onderzoek over besluitvorming. Een van de vragen begint met een verhaal over een inbraak waarbij een schroevendraaier is gebruikt. De politie heeft drie verdachten van wie je foto's ziet met een toelichting. Een van de verdachten heeft geen alibi, heeft een strafblad, is werkloos, en werd aangehouden met een heleboel geld op zak en een schroevendraaier. Oh ja, en hij is zwart, zie je op de foto. Er wordt gevraagd wie volgens jou het meest verdacht is. Wijs je de zwarte man aan?

Ja natuurlijk, dat doen we allemaal: hij heeft alles tegen zich en de andere twee verdachten niet. Stel nu dat je na het onderzoek de antwoorden ziet van een andere deelnemer. Deze deelnemer heeft opgeschreven: 'Ik sla deze vraag over. Deze zaak is duidelijk in elkaar gezet om de zwarte man het meest verdacht te maken. Ik werk hier niet aan mee.'

Wat is je indruk van deze deelnemer? Je hebt zelf net meegewerkt. Het was jou ook opgevallen, maar je hebt gewoon braaf de vraag beantwoord. Nu maakt iemand opeens principieel bezwaar. Mensen die dit daadwerkelijk meemaken, vinden deze 'morele p. 21 rebel' een irritant betwetertje: vooringenomen, overtuigd van eigen gelijk, en niet erg coöperatief.* Hetzelfde gebeurde in de beroemde gehoorzaamheidsexperimenten van Milgram, waar de meeste deelnemers bereid bleken iemand een gevaarlijke of zelfs dodelijke schok toe te dienen. Wanneer zij achteraf werden gecon-

* Monin, B., Sawyer, P.J. & Marquez, M.J. (2008). The rejection of moral rebels. *Journal of Personality & Social Psychology*, 95, 76–93.

fronteerd met een deelnemer die had geweigerd, zeiden ze vaak: 'Hij moet niet zo dwars liggen; als iedereen dat doet komt het onderzoek nooit af.'

Het grappige is dat de morele dwarsligger geheel anders wordt beoordeeld door mensen die niet vlak daarvoor zélf de situatie hebben meegemaakt. Mensen die het verhaal over de politiezaak lezen en dan meteen de reactie van de rebel zien, zonder dat eerst naar hun eigen reactie is gevraagd, zien de rebel als een moreel voorbeeld; ze beoordelen hem als onafhankelijk, sterk, eerlijk, intelligent en volwassen. Het enige verschil is dat deze mensen niet vlak daarvoor in de gelegenheid zijn gebracht om meegaand te doen, dus om datgene te doen waar de rebel zich tegen verzet.

Degenen die zelf net hebben meegewerkt, blijken de dwarsligger onbewust te ervaren als iemand die hun gedrag afwijst. In feite maakt de rebel een punt waar ze zelf niet aan hadden gedacht. Hierdoor voelen ze zich tekort schieten. De meeste mensen zien zichzelf als moreel en zelfs als moreler dan gemiddeld. Door het gedrag van de rebel komt die overtuiging onder druk te staan. Dit roept een defensieve behoefte op om de rebel af te kraken: wat een overdreven heilig boontje.

p. 73

Waarschijnlijk hebben we dit allemaal weleens meegemaakt. Zo wilde ik ooit een vriendin een cola aanbieden in een milieuonvriendelijk blikje, waarop ze zei: 'Geef me dan maar gewoon water, ik wil liever niet een drankje uit blik.' Ik zie mezelf als reuze milieuvriendelijk, maar op dat moment dacht ik: 'Jemig, je kan ook te ver gaan met die milieu-mierenneukerij.' Omgekeerd verklaart dit misschien ook waarom mensen soms zo bozig reageren als ik zeg dat ik geen vlees eet. 'Ik probeer toch juist het goede te doen?', denk ik dan. 'Ik doe die mensen niks!' Maar dit onderzoek laat zien dat ik die mensen eigenlijk wél iets doe. Zelfs als ik het niet zo bedoel, kunnen ze mijn gedrag onbewust ervaren als kritiek op hun gedrag.

p. 80, 108

p. 51

Als morele dwarsliggers ons zo ergeren, hoe moet de wereld dan ooit beter worden? We moeten dan eerst aan ons zelfvertrouwen en onze integriteit werken. Na een oefening waarin mensen hun hoogste waarden en idealen overdenken, blijken ze het gedrag van morele dwarsliggers juist inspirerend te vinden: oeps, erkennen ze, die persoon doet iets waar ik helemaal niet aan heb gedacht; wat goed, dat ga ik voortaan ook proberen!

Plagiaat 61

Schrijver Houellebecq werd beschuldigd van plagiaat, onder meer vanwege de titel van zijn boek: *De kaart en het grondgebied.* Die was door iemand anders al eens gebruikt. Ik vermoed dat de vermeende rechthebbende geen sterke zaak heeft, omdat de titel niet zo heel origineel is. Het koppelen van 'kaart' aan 'grondgebied' vraagt weinig fantasie, dus het is aannemelijk dat meer mensen onafhankelijk van elkaar zo'n titel kunnen bedenken.

Wanneer mensen menen dat ze door anderen worden geplagieerd, is dat nogal eens een geval van zelfoverschatting: ze denken dat hun ideeën zo origineel zijn dat een ander daar zelf niet op zou kunnen komen. Ze vergeten ook dat we allemaal blootstaan aan dezelfde tijdgeest en dezelfde invloeden die ons op ideeën brengen. Ik zat ooit bij een lezing en besprak na afloop met mijn buurman een idee dat we tijdens die lezing allebei kregen. Kennelijk waren we niet de enigen, want een tijdje later had een collega onderzoek gedaan over dat idee, en voelden weer andere collega's zich geplagieerd omdat zij hetzelfde idee ook al eens geopperd hadden. Je zou kunnen zeggen dat het idee domweg 'in de lucht hing' en dat je wel een grote oen moest zijn om het niet op te pikken. Evenzo heb ik iemand weleens horen klagen dat 'zijn' grap was gepikt door een ander, terwijl die grap nogal voor de hand lag in de gegeven context (en mede daardoor zelfs nogal flauw was).

p. 24

Ideeën en grappen claimen is meestal een teken van armoede: als je zo weinig ideeën en grappen bedenkt, dan moet je die zuinig bewaken. Heb je een levendige geest met veel creatieve invallen, dan kun je ruimhartig omgaan met je intellectueel eigendom.

DIT IS DUS
WEL EEN SOORT
VAN MIJN IDEE.

Tegelijkertijd zitten plagiators ook vaak fout en weten het zelf niet eens: onbewust plagiaat. Bekend zijn de voorbeelden van Nietzsche, die in *Also sprach Zarathustra* een paragraaf plagieerde uit een boek dat hij als kind had gelezen, en George Harrison, die in *My sweet Lord* met de muziek van een ander aan de haal ging. Iets soortgelijks zagen we bij Coldplay met hun hit *Viva la vida**. Het vermoeden is dat in al deze gevallen sprake is van cryptomnesia: je iets herinneren zonder te weten dat het een herinnering is, en het daardoor ervaren als een nieuwe – eigen – gedachte (of lied, idee, grap).

In een onderzoek** moesten mensen om beurten voorbeelden noemen van een categorie, bijvoorbeeld vogels. Het bleek dat ze in 3 tot 9 procent van de gevallen voorbeelden noemden die al door een ander waren genoemd, maar dachten dat het nieuw was. Je kunt je voorstellen dat zoiets bij een groepsbrainstorm ook makkelijk gebeurt – vooral omdat de kans op cryptomnesia groter is als je maar half luistert naar iemand (bijvoorbeeld omdat je tegelijkertijd zelf aan het nadenken bent) en als die ander vlak voor jou iets zegt. Geen wonder dat mensen zo vaak ten onrechte de indruk hebben dat ze tijdens een brainstorm veel ideeën krijgen. p. 76

Of je nu bewust of onbewust plagieert, het blijft strafbaar, dus het is zinvol om het te voorkomen door bijvoorbeeld duidelijke aantekeningen te maken, goed te luisteren en op te letten wie wat zegt. Daarmee voorkom je ook een afgang die ik laatst had: ik plagieerde Paulien Cornelisse tijdens een gesprek met Paulien Cornelisse *herself*. Ik dacht dat ik een leuk taal-ideetje had en dat wilde ik haar voorleggen (ruimhartig als ik ben met mijn ideeën). Maar dat stond dus doodgewoon in haar boek. Dan kun je toch maar beter onbewust jezélf plagiëren, want ook dat doen we: enthousiast raken over nieuwe ideeën die we allang een keer hadden bedacht. Zo vinden we onszelf, en het wiel, voortdurend opnieuw uit.

---

* http://www.youtube.com/watch?v=UvB9Pj9Znsw

** Brown, A.S. & Murphy, D.R. (1989). Cryptomnesia: Delineating inadvertent plagiarism. *Journal of Experimental Psychology: LMC, 15*, 432–442.

62 Bluf

Voor wetenschappers is het van groot belang om geregeld artikelen te publiceren in internationale vaktijdschriften. Als je goed en interessant onderzoek doet, accepteren die tijdschriften je artikelen (ze wijzen veel af, sommige tijdschriften zelfs meer dan 90 procent). Dit betekent dat je de kwaliteit van iemands onderzoek kunt afleiden uit het aantal publicaties en in welke tijdschriften die staan. Je hoeft je in feite helemaal niet in iemands werk te verdiepen; je kunt volstaan met tellen en dan heb je een aardig beeld.

Dit heeft gevolgen die we met z'n allen als wetenschappers niet bedoeld hebben, maar wel zelf in de hand werken. Bij subsidieaanvragen of sollicitaties aan een universiteit gebeurt het nogal eens dat de beoordelaars volstaan met het tellen van de publicaties in iemands cv. Ook bij promoties en de vraag of het een *cum laude* moet worden, is het vaak al voldoende om vast te stellen of het onderzoek door een gezaghebbend tijdschrift is geaccepteerd. Dit betekent dat selecteurs en beoordelaars het oordeel in feite overlaten aan redacties van vaktijdschriften. Ze verdiepen zich niet in de inhoud.

Het is overigens ook onmogelijk om alle artikelen te lezen die op je vakgebied verschijnen, want het zijn er te veel. In de loop der jaren zijn er steeds meer wetenschappelijke tijdschriften gekomen en ook al wijzen ze nog zoveel artikelen af, wat ze wel publiceren is nog altijd meer dan je kunt lezen. Dus het is vaak noodzakelijk te volstaan met hapsnap lezen, diagonaal of alleen de samenvatting.

Dit gebeurt natuurlijk niet alleen in de wetenschap, maar in de hele samenleving. Er is zoveel informatie dat we alles alleen nog maar op een zap-manier kunnen verwerken, door snel kennis te nemen van kleine, korte stukjes en beetjes. Dit biedt veel kansen voor blufpokeraars. Uit onderzoek weten we al dat mensen die snel en vluchtig informatie verwerken, er eerder instinken wanneer iemand aan zelfpromotie doet. Als iemand bijvoorbeeld opschept dat ie ergens heel goed in is, zal een oplettende luisteraar zich afvragen of er sprake is van bluf of zelfoverschatting, maar iemand die maar half luistert neemt het gewoon aan.* Hetzelfde kan gebeuren via lichaamstaal: iemand die zelfverzekerd en stellig overkomt, zal bij oppervlakkige waarneming overtuigender zijn dan iemand die meer aarzelend en bedachtzaam overkomt. Bij een grondige verwerking zou je eerder kunnen concluderen dat de bedachtzame persoon misschien beter heeft nagedacht. Van belang is dat er feitelijk geen enkel verband is tussen hoe zelfverzekerd iemand overkomt en hoeveel capaciteiten of kennis hij in huis heeft. Je móet dus wel op de inhoud letten als je dat laatste wilt weten.

p. 37, 48

p. 156

Maar ik vrees dat in onze samenleving snelle beelden en *soundbites* juist steeds meer invloed hebben. En dat, als gevolg hiervan, extraverte, zelfverzekerde mensen in het voordeel zijn: zij komen beter over dan mensen die minder bijdehand zijn – terwijl die juist sterker kunnen zijn als het gaat om verdieping, nuance en toewijding. Ook mensen die zich ergens vol zelfvertrouwen doorheen bluffen ('Tuurlijk, daar heb ik veel ervaring mee en dat gaat me uitstekend af' zeggen ze, en ze denken: 'Dat zien we dan wel als ik de baan eenmaal heb') hebben in een zap-wereld meer succes dan eerlijke en bescheiden mensen. Zo creëren we met z'n allen een samenleving waarin alleen bepaalde – eenzijdige – kwaliteiten je vooruit helpen.

---

* Fragale, A.R. & Grant, A.M. (2011). Busy brains, boasters gains: Self-promotion effectiveness depends on audiences' cognitive resources. Voorwaardelijk geaccepteerd door *Journal of Experimental & Social Psychology*.

Dit alles bedacht ik toen ik in *Intermediair* onlangs iets las over 'schuwe forellen'. Het bleek dat sommige forellen meteen op een nieuw object afstevenen, terwijl andere zich juist verschuilen en contact vermijden. In een kweektank groeiden de brutale forellen het snelst, maar in de natuur doen de schuwe forellen het beter. Ik vermoed dat mensen ook lang hebben geleefd onder omstandigheden waarin het vaak nuttig was om voorzichtig te zijn en je gedeisd te houden. Maar nu leven we met z'n allen in een soort kweektank, een snelkookpan, waarin de uitspraak 'De brutalen hebben de halve wereld' een groot understatement is geworden.

p. 162

Tekort gedaan 63

'Tankwagen vol benzine ramt huis: "We hadden geluk"', kopt een krantenbericht. Deze uitspraak van de getroffen bewoners laat zien dat alles relatief is. Ze hadden geluk dat de benzine geen ontploffing veroorzaakte, maar dat uitgerekend hun huis werd getroffen, was natuurlijk juist heel óngelukkig. Het is maar net waar je het mee vergelijkt. Op dezelfde wijze is een miljoenensalaris voor een directeur buiten proportie als je er Nederlandse salarissen naast houdt, maar niet als je het internationaal bekijkt. p. 87

Het vervelende is dat we de neiging hebben onszelf opwaarts te vergelijken: we willen hogerop en dus richten we de aandacht op iemand die het beter heeft. Wat dat betreft had Karl Marx een goed punt, toen hij zei dat er geen probleem is als iedereen in een klein arbeidershuisje woont; het gaat pas fout als er om de hoek een kapitale villa staat. In organisaties speelt een vergelijkbaar probleem: werknemers hebben verschillende salarissen, verschillende kamers, verschillende bevoegdheden, en ze meten zich met elkaar. Iemand die volmaakt tevreden is met 24 vierkante meter en een eigen vergadertafel, kan zich in een andere context volledig miskend en tekort gedaan voelen, omdat zijn naaste collega een beter uitzicht, een grotere tafel en chiquere stoelen heeft. Evenzo maakt geld niet gelukkig, maar meer verdienen dan je collega's wél: de plaats die je denkt in te nemen in de economische rangorde op je werk, bepaalt voor een deel je geluksgevoel.* p. 89

---

* Boyce, C.J., Brown, G.D.A. & Moore, S.C. (2010). Money and happiness: Rank of income, not income, affects life satisfaction. *Psychological Science, 21,* 471–475.

We vergelijken niet alleen onze opbrengsten (zoals salaris en kantoorruimte) met anderen, maar ook onze investeringen. Als die naaste collega het veel beter voor elkaar heeft, is dat best aanvaardbaar wanneer hij duidelijk meer bijdraagt en meer talent in huis heeft. Maar dat is nu net het punt: als het gaat om de vergelijking van onze merites, hebben we opeens niet meer zo snel het gevoel dat we minder bedeeld zijn. Descartes zei: 'Gezond verstand is het best verdeelde goed ter wereld: iedereen vindt dat hij er genoeg van heeft.'** Datzelfde geldt voor vele andere persoonlijke kwaliteiten, zoals gevoel voor humor, onafhankelijk denken en opmerkzaamheid.

Bovendien zijn we ook nog eens geneigd onze eigen bijdrage aan een collectief product te overschatten. Vraag je aan twee collega's die samen hebben gewerkt hoeveel procent ze ieder hebben bijgedragen aan het eindresultaat, dan zal de optelsom van hun schattingen steevast de 100 procent ruim overschrijden. Wordt er in een overleg een belangrijk probleem opgelost of een lumineus nieuw idee gelanceerd, dan zijn altijd meerdere deelnemers ervan
p. 183 overtuigd dat zij de bedenker zijn.

Waar we dus snel zien dat een ander het beter voor elkaar heeft in termen van opbrengsten, springt de mate waarin die ander dat ver-
p. 25 dient minder in het oog. Hierdoor voelen we ons vaker benadeeld dan bevoordeeld. Maar zelfs mensen die zich bevoordeeld voelen, zijn niet helemaal gelukkig. Als je duidelijk meer uit je werk haalt

---

** 'Niets ter wereld is zo rechtvaardig verdeeld als het gezond verstand: gewoonlijk immers meent men in dit opzicht zo goed voorzien te zijn dat zelfs wie anders het moeilijkst tevreden zijn te stellen, er meestal niet meer van verlangen dan wat zij al hebben. Het is niet waarschijnlijk dat iedereen zich hierin vergist. Veeleer blijkt hieruit dat het vermogen om juiste gevolgtrekkingen te maken en waar en onwaar van elkaar te onderscheiden – en dat is uiteindelijk wat "gezond verstand" of "rede" betekent – van nature in alle mensen gelijk is.' René Descartes, *Over de methode,* vertaling Th. Verbeek, Boom Meppel 1977, p. 42 (met dank aan Martijn van Eetveldt).

dan je erin stopt, dan zit dat niet lekker. Het prettigst vinden we het wanneer de verhouding van investeringen tot opbrengsten bij iedereen ongeveer gelijk is: dat is rechtvaardig. p. 148

Helaas is dat vaak niet zo, en al helemaal niet als het gaat om specifieke onderdelen. De ene keer word je bevoordeeld, de andere keer benadeeld: *You win some, you lose some.* Als je elke plus en elke min in beeld hebt, heb je het de meeste tijd niet erg naar je zin. Het beste af zijn mensen die niet erg geneigd zijn zich steeds met anderen te vergelijken, oftewel: die een lage vergelijkingsoriëntatie hebben. Als je niet zo bezig bent met de vraag of een ander het beter of slechter heeft, en meer met de vraag of jij in je werk kunt doen wat belangrijk en inspirerend voor je is, dan heb je het heel goed voor elkaar. Beter dan de meeste anderen…

64 Undo

Als ik iets kwijt ben, kan ik zo verlangen naar de *find*-toets op de computer. Verdorie, waarom is die er niet in het gewone leven! Maar er is een andere toets die ik nog veel meer mis: *undo*. Die heb je nodig na verkeerde spontane opmerkingen of roekeloze manoeuvres in het verkeer, maar ook bij heel alledaagse huishoudelijke bezigheden. Als je net je aardappelmesje onderin de GFT-bak hebt gegooid. Als je een plant te veel water hebt gegeven waardoor alles er aan de onderkant weer uitloopt. Als je boven het fornuis uitschiet met de peper. Allemaal *undo*-momenten. Wat zou het simpel zijn als je met een klikje de laatste actie terug kon draaien.

p. 113 Ook als het gaat om eerste indrukken wordt de *undo*-toets node gemist. Na een sollicitatie kunnen mensen soms hun haren uit hun kop trekken om die ene opmerking – of juist dat ene moment van zwijgzaamheid – ongedaan te maken. Omgekeerd blijken ook waarnemers hun eenmaal gevormde indrukken niet goed te kunnen ontdoen van onterechte smetten. Hiernaar is in de VS nogal wat onderzoek gedaan, vanwege de noodzaak van *undo* in rechtszaken; denk aan het uit films bekende *'The jury will disregard that remark'*. De aanklager brengt bijvoorbeeld een eerdere verdenking ter p. 171 sprake, waarmee de verdachte verdachter wordt. Dan zegt de rechter dat dat niet had gemogen, maar kan de jury die informatie zomaar weer wegpoetsen uit het beeld?

Dat hangt ervan af. Als je informatie moet negeren omdat die via ongeoorloofde slinkse wegen boven water is gekomen, dan kan dat juist machtig interessant zijn – zoiets als een 'uitgelekt rapport' (in feite juist dé manier om aandacht te krijgen voor de informatie, want alles wat je niet had mogen weten vind je natuurlijk juist van belang). Maar als de informatie inmiddels al bewezen onjuist is, of als blijkt dat de bron een ordinaire moddergooier is, dan is het logisch dat je de implicaties ervan weer 'aftrekt' van je mening. Dat doen mensen dan ook heel welwillend. Soms geven ze dan zelfs een extra gunstig oordeel, om het goed te maken of om zeker te weten dat ze wel genoeg gecorrigeerd hebben. p. 133

Daarmee wordt tevens het probleem van zo'n achteraf-correctie zichtbaar: je indruk van een persoon is een totaalplaatje, gebaseerd op allerlei flarden van informatie, en mensen weten helemaal niet welk deel van hun indruk op welke informatie gebaseerd is. In het bekende *sexual fantasies*-experiment* keken deelnemers naar een geluidloze video van een studente die werd geïnterviewd. De studente kwam zenuwachtig over, ze friemelde en lachte nerveus. Na afloop vonden de deelnemers haar dan ook een nerveus type. Aan sommige deelnemers werd achteraf verteld dat er in het interview werd gevraagd naar haar seksuele fantasieën. Dit maakte begrijpelijk waarom ze zenuwachtig reageerde, dus deze deelnemers vonden haar uiteindelijk niet zo zenuwachtig (*undo*). Maar nog een andere groep had na de video nóg een fragment van de studente gezien; een neutraal nietszeggend fragment waarin ze vertelde wat ze studeerde en waar ze woonde. Deze deelnemers slaagden er niet in hun oordeel voldoende te corrigeren. Hun eerste indruk van de nerveuze studente was alle verdere indrukken gaan kleuren, waardoor het totaalplaatje niet meer uit elkaar te rafelen viel. In de woorden van de onderzoekers: 'De stof van onze meningen is zo strak gebreid dat een enkele losse steek door het hele breiwerk kan lopen.' Mensen beseffen dit zelf niet en herstellen wel die enkele losse steek, maar niet de rest. Een mentaal *undo* is dus meestal net zo onmogelijk als de peper weer uit de pastasaus halen.

---

* Gilbert, D.T. & Osborne, R.E. (1989). Thinking backward. *Journal of Personality & Social Psychology, 57*, 940–949.

Sluimerende vraagtekens

65

Als er iets misgaat, zeggen mensen vaak: 'Ik zag het aankomen.' Verbroken relaties, faillissementen, afhakende klanten: er is altijd wel iemand die het allang voelde. Dat lijkt flauw, en dat is het ook: lekker makkelijk achteraf. p. 13

Toch denk ik dat veel 'ik-wist-het'-uitingen ook een zweem van waarheid bevatten: een sluimerende twijfel die je soms voelt als iets niet helemaal in de haak is. Het kan overal over gaan: een aankoop of transactie, een procedure op je werk, iemand die je overvalt met een verzoek. Ergens, ver weg op de achtergrond in je brein, sluimert een vraagteken: Is dit wel goed? Wil ik dit echt? Moet ik op de rem trappen?

Meestal doen we dat niet en worden we ons die vraagtekens amper bewust. We hebben het nu eenmaal zo bedacht, dus we gaan door. Iedereen doet het, dus we doen mee. Het is zo'n gedoe om alles weer terug te draaien, dus vooruit maar.

Ik stel me voor dat iets dergelijks speelde bij verkopers van woekerpolissen en bankmedewerkers met exorbitante provisies. Veel mensen die daaraan hebben meegewerkt, hebben vast ook weleens een sluimerend vraagteken gevoeld. Maar hoe gaan die dingen: je hebt het druk, je rent mee met de waan van de dag – of, zoals het nu wordt gezegd, je 'beweegt mee in de markt'. Je komt er niet aan toe even pas op de plaats te maken en je aandacht op dat vraagteken te richten. Als je dat al zou doen, besluit je meestal er maar niks over te zeggen, omdat je niet degene wilt zijn die de boot aan het deinen brengt. En als je er al over begint in een teamoverleg, zeggen je collega's: 'Ja halló, zo doet iedereen het! *Wake up and smell the coffee!*' p. 34, 68

Evenzo denk ik dat veel van die miljoenen mensen die destijds woekerpolissen of legio-lease-aandelen kochten, ergens in hun achterhoofd wel een vraagteken voelden knagen, maar uiteindelijk dachten: 'Als iedereen het doet, zal het wel goed zijn.'

Ongetwijfeld zet iedereen weleens aarzelende vraagtekens bij zaken waarvan je kunt bedenken dat ze niet kloppen, áls je even stil zou staan om te denken. Nu bijvoorbeeld algemeen bekend raakt dat vlees het meest milieubelastende onderdeel uit ons voedselpakket is en dat 80 procent van de landbouwgrond in de wereld wordt benut om vlees voor de westerse consument te produceren, zullen heel wat mensen vaagjes een vraagteken zien sluimeren tussen de biefstukken in de vitrine. Maar ja, iedereen doet het, en het is anders zo lastig, en waarom moet ík dan, enzovoort.

Zo zetten de diverse miskleunen van de mensheid zich voort, want: 'Er is maar één ding nodig om het kwade te laten zegevieren: goede mensen die niets doen.'* Als stommiteiten in het nieuws komen, zoals na de bankencrisis, schudden we het hoofd over zoveel onnozelheid dan wel slechtheid (afhankelijk van ons mensbeeld: moedwil of misverstand**). Maar zo blijven we veilig op ons alwetende troontje en leren we er zelf niks van. Ik denk niet dat de miskleuners nou zo ongelofelijk stom of slecht zijn. Ik denk dat iedereen die twijfel op de achtergrond wel kent. Maar meestal wandelen we daar overheen, gemakshalve meedeinend in de vaart der volkeren. Dat is buitengewoon jammer, want mensen zijn in hun hart vaak niet zo stom als ze zich gedragen.

Wil je iemand zijn die het verschil maakt, maak dan van je sluimerende vraagtekens eens een uitroepteken: pas op de plaats, even opletten. Wees geen achteraf-alwetende stuurman-aan-wal; spreek je vraagtekens hardop uit, ook als dat spannend is omdat alle neuzen de andere kant op wijzen. Júist dan.

---

* *'All that is necessary for the triumph of evil is that good men do nothing.'* Edmund Burke (1729-1797).

** Hermans, W.F. (1948). *Moedwil en misverstand.*

Vergeet jezelf 66

Ik schrijf vaak over de minder leuke kanten van mensen. Hun ijdelheid, hun doorzichtige opschepperijtjes, hun onwetendheid, hun zelfverlakkerij, hun lulligheid. Nu wil ik het eens hebben over iets wat leuk is aan mensen.

p. 37, 186, 48 p. 55
p. 92, 94, 107, 24

Voor mij is één wezenlijk kenmerk de basis van alles wat sympathiek is aan mensen: het vermogen jezelf te vergeten. Een muzikant die helemaal opgaat in zijn spel, is zichzelf vergeten. Iemand die pardoes in de gracht springt om een drenkeling te redden, is zichzelf vergeten. Iemand die van blijdschap een ander in de armen vliegt; kinderen die in hun spel opgaan; iemand die daar vertederd naar zit te kijken; iemand die geniet van fluitende vogels, of gewoon van schoffelen in de tuin, of die helemaal meeleeft met een film of een verhaal dat een ander vertelt.

Het zijn allemaal momenten waarop je open en onbevangen bent. Je gaat op in iets buiten jezelf. Helaas duren die momenten vaak maar kort. Voor je het weet herinner je je weer dat er een ‘ik’ is. Een ik dat alsmaar strategisch in de weer is om de wereld te laten zien dat het belangrijk en bijzonder is en erbij hoort. Een ik dat dingen te persoonlijk opvat, zich tekort gedaan voelt, zich afvraagt of een ander het beter heeft, zich wil bewijzen, laten gelden, bezorgd is of het er wel toe doet.

p. 85, 128
p. 71
p. 65, 97, 103
p. 25, 189

Dit is denk ik waar het om draait als we het over authenticiteit hebben en over charisma: iemand die authentiek is, is niet bezig met zichzelf. Iemand die staat te zingen en er lol in heeft en opgaat in de muziek, heeft meer X-factor dan iemand die er bescheten bij staat, bezorgd of ie wel goed overkomt, of iemand die uitstraalt ‘Jullie zien het ook wel hè, dat ik een ster ben!’ Het vervelende is

p. 115

wel dat kandidaten van talentenjachten en talent*scouts* dit ook hebben ontdekt, en nu om het hardst roepen 'dat je op het podium gewoon moet genieten'. Daarmee is de authentieke kracht van het genieten er alweer aardig af.

Iets vergelijkbaars doet zich voor als het gaat om authentiek leiderschap. Als je een authentiek leider wilt zijn omdat je daarmee aan overtuigingskracht of imponeer-effect denkt te winnen, hou dan maar op. Een politicus of leidinggevende is charismatisch en overtuigend als hij handelt vanuit volstrekte oprechtheid, betrokkenheid, de behoefte om de wereld of minimaal zijn eigen afdeling beter te maken; als je voelt dat het niet om zijn belangen en zijn glorie gaat, maar om de zaak waar hij voor staat. Door die overtui-
p. 61 ging gaan mensen zich verbinden aan de visie van de leider en ontstaat teamspirit.

Deze ideale leider zal zeer succesvol en effectief zijn, en daar zit een adder onder het gras. Want als mensen succes oogsten en gewaardeerd worden, roept dat onvermijdelijk hun ego wakker, dat zegt: 'Hé lekker zeg, hier wil ik meer van.' Ze krijgen status en erkenning; dat voelt zo goed, dat ze vergeten waar het ze om te doen was. De positie en het succes worden belangrijker dan de goede zaak. Het succes wordt gekaapt door het ego, en vanaf dat moment wordt het een zielloze bedoening. Wanneer motieven van het ego je drijvende kracht zijn, zul je nooit boven jezelf uitstijgen en dus als leider nooit werkelijk het verschil maken. In de woorden van een *executive-searcher* die ik sprak: 'Succes is een groot afbreukrisico als je niet intrinsiek bescheiden in het leven staat.'

De enige remedie lijkt me een boeddhistische staat van verlichting waarin het ego is opgeheven. Maar voor ons westerlingen met aardse ambities is dat niet erg realistisch. Veel mensen die deze verlichting wél menen te hebben bereikt, maken ook hier weer een egotrip van: kijk mij eens bijzonder zijn, verheven boven iedereen in mijn verlichte staat. *In your dreams, baby!*

Omdat we allemaal maar mensen zijn, moeten we erkennen dat onze ijdelheid altijd op de loer ligt, klaar om onze ware betrokkenheid bij anderen en onze spirituele momenten van helderheid om te zetten in een miezerig egotripje. Zodra dat gebeurt, worden de doelen waaraan we werken opeens heel klein. Te klein om anderen te inspireren, en vaak zelfs te klein om ons eigen ego'tje te behagen.

Vraag jezelf eens af: wat zijn voor jou de momenten waarop je het beste of het leukste van jezelf laat zien? Momenten dat je vertederend bent, ontwapenend, inspirerend, gedreven? Ik wil er wat om verwedden dat dat vrijwel zonder uitzondering momenten zijn dat je ergens in op gaat en niet met jezelf bezig bent. Dan ben je helemaal jezelf, in optima forma; dan ben je puur en echt. Om jezelf te kunnen zijn, moet je jezelf vergeten.

Ook verkrijgbaar van Roos Vonk:

192 blz. • 145 × 210 mm • Gebonden • ISBN 978 9055946952

'Psychologie van alledaagse taferelen:
scherp, down-to-earth, vermakelijk' – *Foknieuws*

'Soms vertelt een korte column meer dan een eindeloos betoog. Het aardige van Roos Vonk is dat ze zo gemakkelijk schrijft dat zelfs het lezen over minder prettige zaken een feest is. Op een Martin Brilachtige manier beschrijft ze alledaagse werktaferelen, leerzaam en luchtig.' – *Arts & Auto*

'Verplichte kost voor alle managers met een beetje verantwoordelijkheid'
– *Manager & Literatuur*

'Een schatkistje voor zoekers naar zelfkennis en zelfinzicht' – *Volzin*

'Door de nuancering van menselijke gebreken, maar ook dankzij de ongecompliceerde schrijfstijl, geniet je zelf van je eigen beperkingen (en uiteraard die van anderen).' – *Managementboek.nl*